私がいなくなったら

のこされた自閉息子と父は……

中野智子
中野真一郎
著

はじめに・おかん

障がいのある子どもをもつ親ごさんは、定型のお子さんをもつ親ごさんより、自分がいなくなった時を想定して、親亡きあとを考えている方が多いと思います。私も、そうでした。私は、将来的にはくるかもしれないという感覚でした。近い将来、自分に不治の病がくることを想定していませんでした。

私は、もしかしたら息子と似たような感覚がどこかにあったのかもしれません。毎日、今やらなければならない自分のスケジュールをこなすことに、安心感を得ていたのかもしれません。

仕事や子どもの毎日の世話、家事、その月に入って来る子どもの学校関係のスケジュール、NPOの活動のスケジュール、地域の福祉活動のお手伝いなど、今日やらなければならないことを優先しがちの毎日でした。今、自分が動けていることに、自分自身を確認しているところがあったのかもしれません。

毎年、学校から子どものライフサイクルと親の動きを書く用紙を渡され、【この時期にこの福祉サービスを導入し、親の会に参加し、勉強しつつ、将来の準備をしていきます】みたいなことを書く機会もありました。少しずつ息子が成長するとともに、福祉サービスも増やしていました。

一方で、私なりにがんばって勉強会にも参加しているし、自分たちでＮＰＯ法人を設立してやってもいる……「これ以上、なにをがんばれって言うの！」みたいな、どこからかわからないプレッシャーを感じていたことも確かでした。

しかし、いざ自分が病気になり、今までの自分の生活が大きく変化し、私自身の存在が数カ月や数年単位での余命宣告をされた時、息子の将来のこともさることながら、ライフサイクルの用紙に書いてきた以外のことを、たくさん考え、準備していかなければならない現実がありました。

私自身、看られる側の状況になって、自分自身が動けることは限られています。その中で、「自分ができることは、なんだろう」と考えました。私には、どのくらいの期間かはわからないけれど、時間が与えられています。「なにかを伝えられる時間があるのなら、それを精一杯使おう」と思いました。

息子、夫、私の三人の生活を少しでも長くしていくには、どう準備していく?、息子や夫が今後、不安が少なく、楽しいなと思って生きられるにはどう準備していく?

そんなことを考えながら、私たち親子が体験したことがあります。これからに向けての準備もしています。もちろん、私がわからないこともあります。わからないことについては、発達支援教育者の細井晴代先生にご協力いただきました。

私が体験し伝えられることが、私の家族のためだけではなく、親亡きあとのわが子の将来に不安を漠然ともっておられる保護者のみなさんに、少しでもお役に立てればと思っています。今からどう準備していけばいいのかを、考え、行動してもらえる機会になればと思っています。そして、その準備を、「自分で考えて、自分がなんとかしないといけない」と思うみなさんのプレッシャーが少しでも軽くなることを願っています。

二〇一九年九月　中野　智子（おかん）

はじめに・おとん

妻（おかん）が、ある日突然、癌が見つかり余命が長くても半年、短かければ三カ月と宣告されました。

実は、おかんが発症する二年ほど前に、私の父も癌で他界しており、それから数年後に今度はおかん自身に癌が見つかったわけです。実際に父の葬儀に息子が出てみたころから、凸凹の子たちの冠婚葬祭の対応術みたいなことを企画として思いついたようでした。そして、自身が病身になり企画が発展して形になったのがこの本です。

おかんは、残された時間の中で、もがき、体にいいと思われることはいろいろとチャレンジしました。兄者（妻の実兄、妻はいつも義兄のことを「あにじゃ」と呼び、携帯の登録名もこれだった。もちろん面と向かう時には言わないが）が教えてくれた福島県三春町にあるラジウム泉の岩盤浴に湯治に行ったり、免疫力を上げるものを食べたり。

そうした中で、この本の原稿を書くことがおかんの生活の中心となりました。抗癌剤を投与しながら、主治医の先生や看護師さんたちにも本のことを話していました。

原稿ができかけた時、保存していたタブレットＰＣが壊れ、それまで記録していたものが消えてしまいました。泣く泣く、妻が手書きした原稿を私が自宅でワードに打ち直し、代理で出版社（ぶどう社さん）に送るやり取りをしていたところ、ぶどう社の市毛さんから思いがけない提案をされました。「おとんも一緒に書きませんか？」と。最初は驚きましたが、せっかく妻が残りの人生をかけているものを、なんとか形にしたいという思いで引き受けることにしました。

今思えば、この原稿を書くことで私自身も助けられました。原稿を書くことで心の整理がついてグリーフケア（身近な人との死別の悲しみから立ち直れるように支援すること）になったんだと思います。そういう意味では、「最後まで妻に助けられたのかな？」と思ったりもします。

思えば、この本が最後の夫婦での共同作業となりました。

二〇二一年十月　中野　真一郎（おとん）

1部

おかん

1章

私が癌を発病

1

いつもの朝に突然、癌が降ってきた！

●出社前の至福の時間から

二〇一八年十二月のある日……「先週、風邪で休んだ分を取り返さなければ」と、看護師のパートの仕事に出かけました。

夫には内緒にしていましたが、電車に乗る前に喫茶店で自分だけの至福の時間をもつことが楽しみになっていました。いつもは、モーニングセットでコーヒーにゆで卵、朝食を家で食べているにもかかわらず……。

しかし、この日はコーヒーという気分でもなく、レモンティー。まあ、風邪が治ったばかりだし、抗生物質を内服していたので、胃も少々お疲れなのかな……と思っていました。

職場に到着し、ロッカーで同じ病棟に勤務しているヘルパーさんと朝の何気ない会話をしながら白衣に着替えていると、「なに?、黄色い、黄色いから」とヘルパーさんが声を出し、私の体、頭皮、眼球をチェックし始めました。周囲の看護師さんもビックリした様子で見守っていました。

そして、「働いている場合ではないから、うちの病院にかかるなり、家に帰って病院に行って!」と指示を受けました。

とりあえず……私はここで、ことの重大性を実感してきました。そして、家に帰ることを選択し、駅に向かう道中ではじめて、最近起こっている私の体の変化が頭の中でリンクしました。全身掻痒感《そうよう》(かゆみ)、なんとなく便が白い(生理中で不明なところもあり)、尿が濃いなど。

しかし、これらの症状は、年齢による皮膚の乾燥、風邪で熱が出ていたから脱水気味など……毎日やらなければならないことが優先されて後回しでした。

一応、看護師をしているので、黄疸が出ているということは、肝臓もしくは付近のどこかの臓器がえらいことになっていて、胆道が閉塞しているから……これは、「大きな病院で入院」と、推測はすぐについていました。

そうなると、自閉症の息子の今後の段取りをすぐ考えないと……「夫の勤務、今日はどうなっていた?」。夫は、この日は昼からの勤務で自宅にいました。とりあえず、夫に電話をしました。病状を説明して、「近くのクリニックへ行くけど、大きな病院での入院になる可能性がかなり高いこと」を伝え、そして、夫の今日の仕事の調整を頼みました。

● 息子の帰宅時間がせまってくる

近くのクリニックに行き、血液検査や超音波検査を受けました。案の上、肝臓機能のデータの悪化。超音波では肝臓あたりに腫瘍がみられるとのことで、総合病院への紹介になりました。

一旦帰宅して、その日に入院になってもいいように荷物をつくり、まず息子のことでお世話になっている相談機関の相談員さんに私の病状を説明し、現状の福祉サービスの利用に加えて、夫が仕事ができる体制の福祉サービスのコーディネートを依頼しました。

自分の職場にあらためて長期休みになることを伝え、自分たちが立ちあげたＮＰＯ活動のメンバーに引き継ぎをしました。また、学校の地域保護者勉強会の役員をしていたので、他の役員に引き継ぎを確認しました。

そして、夫とともに総合病院の救急外来を受診しました。お昼前には病院に到着しましたが、十六時くらいに医師の診察、様々な検査を終え、処置室でストレッチャーに乗せられ、モニターを付けられ、寝ながら医師が来るのを夫と二人で待っていました。

そんな中、夫婦で息子が放デイ（放課後デイサービス）から帰って来る時間がせまっていることが気になっていました。「夫だけでも帰れないものかな？　あーこういう時は、家族にも説明しないといけないから無理か」と思いながらも、近くにいた看護師さんに声をかけ、息子が自閉症であり、福祉サービスから帰って来る時間で引き取らなければならないことを伝えました。

事情を理解した看護師さんが対応してくれてまもなく、医師が来て画像を見ながら、病状説明とこれから行う治療の説明を受けました。画像を見てビックリというか、あ然。

「これは、えらいことになった！　やばい……」。

しかし一方で、医師の「旦那さんは、これで帰ってもらってもいいのですが、奥さんはMRIを撮ってきてください。入院は、部屋がいっぱいなので明日になります」との声に、「あーこれで息子の引き取りはなんとかなった」と安堵しました。

帰宅し、一応息子に、「明日から、お母さんは病気でしばらく病院で寝泊まりするから、お父さんと二人になります。学校や放デイは、いつものように行ってください」と伝えました。

2 突然の病から始まったわが家のドタバタ劇

●とりあえずのこれからを、夫と話し合う

息子が寝静まってから、「明日からのこと」を夫と話し合いました。夫は、朝九時の出勤もあれば午後から出勤して終電で帰って来ることもある変則勤務の仕事をしていました。「まず、そこをどうするか?」。夫は、「職場と話し合わなければならない」、「福祉サービスを調整して、どうにもならないところを有休や介護休暇でやっていかないとしょうがな

いかな……」と言っていました。

「夫の仕事」は、とりあえず私が入院する一週間は、福祉サービスの調整がすぐには無理なため、また、病院で家族付き添いのもとでの処置もあるということで、休みを取ることにしました。

「息子の学校から放デイへの引き継ぎ」は、夫は今までもスクールバスの朝の送りも手伝ってくれていたのでＯＫでした。

「留守中の息子」は、夫への病状説明や私の処置で、帰宅するのが遅くなることもありえるので、遠方にいる義母に息子の見守りのお手伝いを依頼しました。

「家計の流れ」は、夫はお小遣い制なので、どこの通帳からなにが引き落とされているかも不明なところがありました。メモで毎月引き落とされる日程、金額、銀行名などの一覧を記しておきました。

とりあえず、一週間はこれでなんとか乗り越えられました。

そして今後、夫は以前のようには残業ができなくなり、休むことも多くなります。私自身も働けなくなり、収入が減っていく現実を夫婦で簡単に予測できました。

私たち夫婦は将来、「いずれ今のマンションを賃貸で貸し出して、市営住宅にでも入居して、その家賃収入を息子の将来のお金の足しにできれば」と思っていました。

しかし、家計の大部分を占めている家のローンをなくすことで、固定資産税やマンションの管理費などいろいろな経費が削減できます。住んでいるマンションを売却する方向で考えました。築年数が浅いうちのほうが、売れる確率も高いです。

義母と息子

息子にとって、私が入院してからお手伝いに来てくれた義母の存在は、突然家からいなくなった私の代わりに甘えさせてくれる、「安心」な存在になっていました。

義母は、自分のスケジュールを優先しがちに息子の世話をする私とはちがい、息子の気持ちを大切にしてくれました。

ある時、夫が車で息子と義母を乗せ、三人で私が入院している病院まで来ました。夫は、病院に残り、先に息子と義母を帰宅させようと思いましたが、タクシーがつかまりません。しかたがないので、バスに乗せて降りる停留所を伝え、二人を先に帰しました。

しかし、病状説明が終わり、帰る前に夫が自宅に電話をしても誰も出ません。義母は、携帯電話を持っていません。土地勘もありません。「高齢の義母と凸凹くんの息子が、暗い中、道に迷っているのか？」。

夫は心配になり、私に電話をしてきました。「バスの終点まで行っているかもしれない、大好きな観覧車もあるし……」と私が言うと、夫は、「とりあえず、終点まで車で探してくる」と。少し時間をおいて自宅に電話をしてみると、義母が電話に出ました。「よかった」、無事に家に着いていました。

話を聞くと、義母が息子に「ここに、スーパーあるのね」と話しかけると、息子が手を引っ張ってそこでバスを降りたらしいのです。そこから自宅までは、歩いても十分程度だからたいした距離でもないからいいのですが……あちこちの公園に立ち寄って遊んでみたり……時間はかかったもののきちんと道案内をして、義母の手を引っ張り、マンションまで連れて帰ってくれたらしいのです。

息子が「道を覚えるのは得意」と思ってはいましたが、暗い中、私ともそのスーパーまで歩いて行くこともほとんどなかったから、驚きました。自分の思うように途中で遊び、いろいろなところを触って、大好きなおばあちゃんと歩いて、そして、きちんと道案内できたからおばあちゃんにほめられて、息子は大満足だっただろうと想像しました。

土地勘もなく、暗い中、義母も不安だったと思います。息子の道案内を信じて、一緒に歩いてくれた義母に感謝の思いと、普段の息子への接し方を振り返るいい機会になりました。

私の突然の病から始まったわが家のドタバタ劇も、なんとかなりました。

入院して二週間くらいは、自分の病気に向き合うというより「福祉サービスが整うのか？」「今後私たち家族は、なにをどう準備していったらいいのか？」など、漠然とした不安を抱えつつ頭の整理を病室でしていたような感じでした。

3

がんばり過ぎない　がまんしない　方法を考える

●利用できるものをコーディネート

夫は、「これから、仕事をしながら息子とどう乗り越えるか?」をテーマに、相談機関の相談員さんと話し合いを重ねました。

わが家は、近くに近親者はいない核家族。いつ、私が退院するかもわからない状況。そして、帰宅したとしても以前のように動けるわけでもない。それを想定して、利用できる福祉サービスをコーディネートして構築しました。

「なるべく息子が安心なところで」という発想で、現在利用している関連の事業所のヘルパーさんに自宅に来てもらい、お風呂や夕食の準備、見守りなどを希望していましたが……なんでもヘルパーさんは、自宅に保護者などがいないと支援ができないということでした。訪問看護などでかかわってきた高齢者の支援の感覚とはちがう……と、あらためて新発見！


そこで、平日は夫が仕事から帰って来る十八時半ごろに息子が家に到着するように、放デイのあとに新しい事業所の日中一時支援を利用することにしました。

基本土日は、夫は休み。今まで通り、土曜日に月一回の放デイを利用。日曜日は、月二回くらい日中一時支援を利用。

今まで行っていた移動支援も月一回、四～五時間利用。土日の福祉サービスの時間は、夫の休息や用事の時間に使いました。そして、今後のことを考えて、相談員さんのアドバイスでショートステイの申請もしました。

また、医師からの病状説明の時間帯を息子の帰る時間の十八時半ごろまでにと希望しましたが、医師からは、「むずかしい」と。医師も忙しく、なかなかむずかしいというのも理解できました。

「お子さんが同席でもかまわない」と言ってくれましたが、画像を見ながらの説明がほとんどなので、息子が画像に反応して触ってしまうことは想像できましたし、なにより、私たちが息子の行動が気になり医師の説明に集中できないと思いました。

そこで、有償のヘルパーさんに福祉サービスからの引き取りをお願いして、病院まで連れて来てもらい、談話室での見守りをお願いすることにしました。おかげで私たちは、落ち着いて病状説明を受けることができました。

●やっておいてよかった

病気になる前、私はＮＰＯの活動や学校の保護者の勉強会の役員、地域の放デイの連絡会などのお手伝いで、役所の方や相談機関の相談員さんによく会っていて、息子の近況などを話すことがありました。

正直、私自身、仕事の他にいろんな活動が重なると、「大変だ～」と思うこともありましたが、今回、自分がこういう事態になってみると、普段の活動が功を奏しました。

役所では、「あーあのお母さん……」と話も早く、相談機関の相談員さんにも一から十まで言わなくても息子の様子などを理解してもらえました。相談機関は、以前息子が通園していた発達支援センターに併設されていたので、夫も相談員さんと顔見知りで話しやすかったようです。

また、NPOの活動（最初は息子のためと思ってやっていましたが、そのうちに自分が関心のあることや、これは問題だなって思うことを、メンバーとやりたいようにやっていくようになっていた）のメンバーとのつながりも、私たち家族には大きな助けになりました。メンバーがパジャマを買って来てくれたり、読みたい本を持って来てくれたり、もしもの場合に備えて、息子の帰宅時間に引き取りもお願いしておくことができました。

しんどいと思っても、やれる時に地域のことや学校の保護者の活動などに参加しておいてよかったと思いました。

あと、夫はＮＰＯ主催のアンガーコントロール（怒りを上手にコントロールして適切に対処すること）の勉強会に参加して、息子への愚痴を聞いてもらったりして対処方法を学んでいました。

息子も、毎日二カ所の福祉サービスに行くことになり、どうなるかと心配しましたが、新規に導入した日中一時支援の事業所が大好きで、次の日のスケジュール確認の時、事業所の写真を一番に手に取って、「明日も行く?」と指さしで何回も確認しています。

入院中や闘病中は無理をせず、子どもの状況に対応する公的な福祉サービスの他に、有償ヘルパーさんなどを利用するのもひとつの選択肢だと思います。

わが家も、医師からの病状説明の時や、息子の整形外科受診の時などに（体力的に息子の行動に対応できるか自信がなかったため）、息子の見守り目的で利用しました。息子が利用している日中一時支援の事業所が有償ヘルパー事業をしていたので、息子も不安はない様子でした。

4 自閉症の息子に病気を告知する？

● こんな感じかな……

不治の病というと、どんな家庭でも「子どもにはどう伝える？」は、考え、悩むところだと思います。

私は、特にいろいろな変化に弱い自閉症の息子に、いろいろとむずかしいことを説明しても、混乱するだけだと思いました。でも、変にごまかしても女優になりきれないし、夫も困るだろうしと……夫婦で深く話し合ったわけでもないのですが、私たちは、「簡潔にわかりやすいことばで発達に合わせて説明すること」が大切かなと思いました。話してもわからないからといって、「母は旅行に行く」などでごまかすより、きちんと現状を話したほうがいいと思いました。

はじめに診断された時は、私は歩けている状態で、そんなに重大な病気になっているとは「一見するとわかりにくい」というわけで、とりあえずこの時は、「お母さんは明日から病院に泊まって病気の治療をします。家にはいません。お父さんとごはん食べたり寝たりしてください」と伝えました。

息子は、前日の夜と当日の朝に学校が終わったあとのスケジュールを確認して、その日のスケジュールをこなし、そのあと病院に面会に来ていました。この時に、息子の精神状態に大きな混乱はないようでした。

しかし、もし私が、自分が自分でないような錯乱状態に陥った時は、母の様子は息子の目から見るとかなり大きく変化しているわけですから、「面会もやめたほうがいい」と私は考えていました。

あと、人が亡くなる前には意識がもうろうとして看取りに近い状況が必ずやってきます。その時、私は息子の目から見ればなにも語らず寝ているだけの状態に見えるはず。その時は、「面会を拒否しないで、事前に説明をして最期のお別れをしたほうがいい」と思っています。


事前の説明については、悩むところではあります。

「お母さんは病気が治るようにがんばったけど、どうにもならないことがあるんだね。お母さんはもうすぐ息ができなくなって、こうちゃんと話すことはできないけど、ちゃんと聞こえているよ。手を握ったらわかるよ。手を握っていいよ」って感じかな……？

5 母がいないところで息子はできていた！

●私がいる時とはちがう息子

私が入院することで、息子の情緒面が乱れ、「あちこちでご迷惑をおかけするのでは？」という心配がありました。息子がさびしい感情をちがった行動で表してしまい、「夫や支援員さんを手こずらせてしまうのでは？」と想像していました。

ところが、面会に来た夫に息子の様子を聞くと、「卵を勝手に冷蔵庫から出して、自分で割って卵かけご飯にして、ふつう（補助箸ではない）のお箸を使って食べてるよ」とか、「餃子、食べられるんだな～」とか。また、「新しい日中一時支援も大好きみたいで、よろこんで行ってるよ」とか、「今日、放デイのスタッフさんが、『お母さん早くお家に帰れるといいね』と言ったら、目頭を押さえていたらしいよ」とか……私がいる時とはちがう息子の様子をちょくちょく聞くようになりました。

できる環境をつくれば

入院する少し前は、息子と夕食を一緒に食べる時、補助箸があるのに手掴みで食べたり、あちこちに食べ散らかしてしまうので私はイライラモードになっていました。「箸を使います」とそのたびに言い、そんなことにイライラしている自分がいやになり、息子と夕食を一緒に食べなくなっていました（たぶん、そのころから体調も悪かったのではないかと思う……少し太り過ぎもあり、夕食は食べないことが多かった）。

卵かけご飯は、醤油のかけ方が大胆過ぎてほぼこぼすということもあったので、私が卵と醤油を入れて混ぜたものを本人のところに置くか、ごはんの真ん中に穴をつくってそこに卵を入れて渡していました。餃子も出したことはありましたが、食べなかったのでそれから出さなくなっていました。

食に関してのことだけでも、「支援する側が変わるとこんなにちがうんだ、私は今までなにをやってきたんだ?」という気分になりました。

ここ最近の私は、「後々手のかかることになると面倒くさい、こちらがやってしまおう」という発想になってしまっていたことに気づき、反省しました。息子の発達も進化しているのに、新しい食べ物にトライすることも少なかったような気がします。夫は息子にいちいち言わないし、「自分が好きなものを買って来て食べる」みたいな発想なのです。

私の中でもっとも発想になかったのは、息子と鍋物を食べることでした。まして、テーブルの上にカセットコンロを置いて一緒に鍋をつつくなんて……これを、夫は息子とみごとにやっていました。鍋から取るうどんなどは少し支援が必要ですが、カセットコンロを触ることもなく、ふつうに夫と食べていました。

私は、「火傷する」とか、「危険だ」とかの発想になるけど、ひとつの鍋を共有して食べるということは、様々な学びになるチャンスです。これまた、反省です。

私が一番うれしかったのは、放デイのスタッフさんに「お母さん早く病院から帰れるといいね」と声をかけられて、悲しいとかさびしいという素直な感情を、感情に合った表現方法で示すことができたことでした。悲しいけど、どうしようもないこともわかっていて、自分もがまんしている部分もあったのだと思います。

息子が、「こんなに自分の葛藤を表現できるようになったとは……」私が想像しているより、息子は成長していました。

親が思っているより子どもは成長していて、「できることをたくさん増やそう」と口うるさく言わなくても、いざという時は、できる環境をつくればできる気がしました。

それと、自分ができない時に誰かに頼んだり、お願いをなんらかの方法で表現できる力をつけたり、家の他にも安心できるところがあるとか、安心できるなにかに打ち込めるとか、そういうことが自立のような気がしました。

6 病院の面会で困った息子の行動あれこれ

入院中の面会

自閉症の世界は特有の世界観があり、病院という集団生活のルールで固められている場所では困った行動になりがちです。わが家の息子の特性には、視覚的刺激に反応しやすい、視界に入った気になったものを触らないと気がすまない、また、「どこどこで、〇〇をする」みたいなルーチンワークをしないと気がすまないというものがあります。

私は、入院して息子が自閉症だからという理由で面会をまったくしないのはおかしいと思ったし、小さいうちから病院のルールに触れさせることもよいことだろうと思いました。

入院した当初は、大部屋が空いていないということで個室にいたので面会時の他の患者さんへの配慮はそれほど必要ありませんでした。

しかし、部屋に入って来るとベッドにもぐり込もうとして、それもそっとではなく勢いよく侵入して来るので、点滴が入っている時にはヒヤヒヤしたこともありました。

そこで、点滴側とは反対側から入って来るように促し、点滴の管は触らないことを約束しました。ベッドに入ったら、背中をさすったりして、「毎日、がんばっとるね〜」と声をかけました。息子は点滴に関心をもつことはなく、ベッドの上に備え付けてあるテレビの画面が気になるようでタッチしていました。これは、軽くタッチ程度なのでスルーして見守っていました。

それが終わると窓の外の景色を眺め、トイレに行って排尿し、少し洗面所で水遊び。あまり長く水遊びする時は、「終わります」と声をかけていました。周囲を水びたしにするなどの様子はありませんでした。

また、窓の外を眺めている時は、終わったらカーテンを閉めてもらうことをお手伝いとしてやってもらっていました。家でもカーテンの開閉はお手伝いとしてやってもらっていましたが、持続点滴が入った時はカーテンを閉めるのも一苦労だったので、助かりました。

● 大部屋になると

そのうち大部屋が空き、私の病室は大部屋になりました。大部屋の中で面会するのは、「さすがにご迷惑をおかけするかな?」と思い面会時は事前に連絡をもらい、談話室で面会することにしました。

すると、談話室のお茶が出る給湯器に興味をもち、何回もボタンを押してお茶を何杯も飲もうとするため、二杯飲んだら「ストップ」をかけるようにしました。また、ホットのボタンを押して火傷などしないように気をつけて見守りました。

談話室の入り口の自動ドアの開閉にも関心をもち、行ったり来たりをくり返すことがあります。夫が、「行くよ」と声をかけエレベーターに乗ろうとすると、置いていかれたら困ると思うのでしょうか、夫と一緒にエレベーターに乗っていました。

またある時、息子は帰り際に急に以前私がいた個室に走って行ったことがありました。個室から大部屋に移動した時にあらかじめ夫から息子への説明が不足していたのか……私は点滴でつながっているし、とっさに対応できる瞬発力もない。夫は、追いつこうとするも間に合わず、息子は無断で個室のドアを開けてしまいました。

ドアを開けると高齢の男性が入院されており、ここは母の部屋ではないということが納得できたのか？……ドアを開けたところで夫が息子を止めたので、部屋の中にずかずか入って行くことはありませんでした。これを機に、「お母さんは、部屋が変わったので談室で会います」と声をかけるも、それからも個室に行こうとしました。

しかし、夫が私がいる大部屋へ洗濯物を取りに行った時に、息子も一緒について来たことがあり、大部屋が母の部屋であることを確認して納得できたのか、それからはもとの個室に行くことはありませんでした。

大部屋の私のいるベッドを、はじめから実際に見せればよかったなと感じました。

7 夫と息子だけの暮らしにできる準備

全部夫にふりかかってくる

私は、息子が一歳半のころに仕事復帰しました。時給が少し高いという理由で選択した職場は、電車で四十分かかる場所にありました。息子を近所の託児所に週四回、朝七時半に預けて仕事に行くという生活をしていました。久しぶりの病棟勤務。ハードな仕事を終え、息子を迎えに行って、息子をみながら家事をしてと、疲れ切っていたと思います。

ある朝、自分の準備しかしない夫に爆発したことがありました。「あのさーこうちゃんの準備かなにか家事をしてもらわないと、私も働いているんだから、定時の電車に乗れないよねー」とチクリ！（この時は、息子が自閉症だと気がついていませんでした）それから夫は、朝の息子の準備などをしてくれるようになりました。

夫婦で一人の子どもを育てるのには、いろいろなことにイライラしたり疲れたりします。今までやってこられたのは、夫の協力があって、福祉サービスの協力もあって、だと思います。

子ども一人育てるのも大変なのに、きょうだいがいる方、親ごさん一人で育てている方もおられます。本当に頭が下がります。

わが家は、近い将来に夫と息子の二人暮らしになります。今でも夫は、仕事をしながら学校関連や福祉サービスへの連絡やスケジュールづくり、息子の病院の受診など大変です。退院してからは私が家事をやっているので、その分は夫も負担が軽減されていますが、私がいなくなると家事も息子のことも仕事も全部、夫にふりかかってきます。

仕事が終わって夕食をつくり、お風呂に入れて洗濯をして、食事を一緒に食べて、片付けて、洗濯物を干して、学校の連絡帳、福祉サービスの連絡帳を書いて……寝るまでにやること満載です。

また、凸凹の子の場合は見守りも大変です。想像するだけで夫の血圧が上昇しそうです。私は、夫にチクリと言ったり、愚痴をこぼすこともできましたが、夫は私がいなくなったらぼやく相手もいないのです。私の墓の前でぼやいてもらうか？

夫の家事の負担は、私が亡くなる前の動けなくなった時点で、家事などのフォローをしてくれる有償ヘルパーサービスを導入して軽減していくといいかなと思っています。それが、息子と父の関係のためにもいいかなと。

●息子の成長でトラブルがあったら？

今後、息子の成長の中で心配なことがあります。自閉症の三割くらいの子は、思春期にてんかん発作を起こすそうです。看護師をしていても、発作に立ち会うのはドキドキするものです。

息子が、二歳のころに熱性けいれんを起こしたことがありました。目が上転して唇が真っ青な息子を見て、名前を呼びながら揺り動かし、「いかんいかん、こういう時は動かしたらいかんかった」と自分に言い聞かせ、「けいれんは何分くらいあった？」「止まった？」「左右どちらに出た？」などを我に返って観察をした覚えがあります。これも、育児書を読んでいたり経験話を聞いたことがあったから対応できたのだと思います。

父親なら、ましてうちの夫のタイプだと発作が起こると動揺するかもしれないです。気を失った息子を見たことのない夫が、どこまで対応できるか想像しにくいです。

しかし、うちの息子に起こるかどうかは不明です。とりあえず夫には、「てんかん発作はどんなものか」「対応方法はどうするか」などをまとめておこうと思います。

●夫と息子の生活の場は？

私がいなくなったあとの生活の場を、「どこにするか？」というのも課題でした。

今住んでいる地域は、夫が仕事の関係で住むようになった場所なので、私は地域に親族もいないし、大学時代の友人がたまたま近くにいて時々遊びに来るくらいで、土地勘もないし、食文化にも慣れない状態でした。まあしかし、食は結構どこでも順応できるタイプだったので辛いとかマイナスの感じはなく生活していました。

夫は、結婚するまで十年弱くらい住んでいたので土地勘はあるものの、近所付き合い的なコミュニティはほとんどなく、ただ住んでいるだけでした。

息子が生まれ、そして自閉症と診断がつき、どんどん成長するにつれて、児童発達障がいセンター、支援学校、地域で行っている障がい者団体、ＮＰＯ団体活動、支援者など、結婚した当初には想像できないくらいのコミュニティが広がったと思います。

私がいなくなったあと、夫は息子を連れて実家に帰るという選択肢もあります。しかし、実家には息子を中心としたコミュニティは一切なく、不安もあります。義母や夫の妹家族はいますが、義母も高齢、妹さんのお子さんもまだ小さくていろいろ大変です。

私たち夫婦の発想は、息子をよく知ってくれている人たちがいて、夫が気軽に相談できる環境がそこにあること、そしてなにより、息子が安心できる支援者がいることが大切だと思いました。だから、私が亡くなったあとも、今住んでいる地域で引き続き暮らしていくことに決めました。

ただ、どこに住んでいても心配なのが支援者の人材確保です。現在の日本では、どの職種も労働人口が減り人材不足です。まして、介護事業や障がい者支援などの職種は、深刻だと思います。身近でも、スタッフさんが辞めた話を聞くことがあります。そして、事業所を閉鎖したなどの情報を聞いたりすると、本当に残念で少し不安にもなります。

障がい者は、なんらかの支援があって日常生活を送ることができます。親亡きあとも、支援者がいてくださるおかげで生活ができます。家族が自ら支援者になったり、団体をつくってグループホームをつくったり、就労施設をつくったりする話もよく聞きます。しかし、親たちはいずれ亡くなっていきます。

ハード面をつくっても、やはり支援者が継続して、大変ながらも彼らの支援を楽しくしていただける環境がもっと整うことを、本当に切に願うばかりです。

8 夫が亡きあとの息子はどうなる？

●「成年後見人制度」

私が亡くなってからの心配もありますが、夫が元気でいろいろな福祉サービスを利用しながら親権者でいるうちは、「なんとかしてくれるだろう」という思いはあります。

しかし、私たちが二人ともいなくなった時の準備も夫にまかせるのではなく、二人いるうちに考えておかなければならないと思いました。

そこで、夫と「成年後見人制度」のことを聞きに社会福祉協議会に行きました。私自身は、多少のことは知っていましたが、夫はことばは聞いたことあるけど内容までは知らないため、直接専門家の話を聞いたほうがよいと思いました。

「成年後見人制度」は、「申請のタイミングをどうするか?」がポイントかなと思いました。あまり早くから申請しても後見人さんにお金を支払わなければならないし、かと言って夫が亡くなってからでは、家族の意向も伝わりにくいしなあと思うところです。

そして、後見人さんのできることは限られています。本人の財産管理が基本ですが、本人が病気になったとしても親族みたいに承諾書などにサインをすることはできません。障がい者施設やグループホームも、それぞれの施設の考え方があり、すべての施設が家族みたいな動きをしてくれる保障もありません。

そこで、やはり障がい者総合支援法事業ではなく、後見人や施設ができない隙間支援的なものが必要だと感じました。夫と話し合い、そういう支援をしてくれる団体へ、少々お金はかかりますが入会しておこうと決めました。

9

お通夜やお葬式に参加できる？

家族の一人として

凸凹の子の親ごさんは、「お通夜やお葬式に参加できるだろうか？」という心配があると思います。私たち夫婦も夫の父が亡くなった時に、葬儀をどう乗り越えるか悩みました。

私たちは、息子を葬儀に参加させないという選択はしませんでした。

家族葬ということもありましたが、一応「やれることをやり、参加できるところだけでも参加させよう」というスタンスで参加させました。やれることとしては、事前に私のつたないイラストで、お通夜やお葬式の流れを視覚支援で見せたり、前の日に会場の下見をするなどをしました。

しかし、お通夜ではみんなが黒い服を着て、非日常感が満載のところに息子は馴染めず会場に入ることができませんでした。それならば控え室に、と思ったけど、そこもいやらしく結局会場の入り口あたりに私と二人で座り、タブレットで療育のアプリをして会食の時間まで過ごしました。

葬儀中にはできませんでしたが、会食の前に息子にご焼香のやり方と献花を教えて、行うことができました。また、親族との会食は参加できました。お葬式は、お骨あげまでに時間をかなり要するので、夫の実家で待機してお骨あげの時間に夫に迎えに来てもらい、ご焼香とお骨あげもできました。

私は、すべての葬儀の流れに参加できなくても、参加できるところだけでも、親族の一人として参加させてよかったと思います。しかし、一応ヘルパーや有償ボランティアなどの社会資源を利用することも事前に相談しておくといいと思いました。

2章

のこしていくこと（グリーフケア）

のこしていくこと

当事者になってみて

私は、以前、訪問看護の仕事をしていました。勤務していた病院に緩和ケア病棟があったので、慰霊祭という式に出席したり、お悔やみにも行っていました。のこされた家族のお気持ちを聞くのは、看護師の学びというより人としての学びがありました。特に、三十~四十歳代の若い方の死にあわれたご家族のことばは、今でも心に残っています。

特に印象深く残っていることがあります。余命が短い癌であるとわかった時に、患者さんの義理のお母さんがこんなお話をされました。

「孫たちが寝静まると、『なんでこんなことになったんやろう』と、どうしようもない答えが出ないことをいつも話しているのよ」と。

そして、患者さんが息子さんたちのお友だちの保護者の方に、「よろしく頼むね」とお願いしていたことや、「息子さんたちがこれから迎える誕生日に向けて、年齢を重ねるごとのバースデーカードを残して天国に逝かれた」とお話を聞きました。

当時の私はまだ独身で、この患者さんの気持ちを想像でしか理解できませんでした。私に子どもができ、癌患者の当事者になり、この時の患者さんの気持ちがとても実感できます。

子どもたちが、まだ母の存在を欲する学童期に、自分が子どもたちといられない現実を受け止め、「子どもたちが困らないように、さびしくないように過ごしていくには?」と考える気持ちはよくわかります。

自分が亡くなったあと、息子や夫に私の存在がなくなったことで、その後の二人の生活や生き方にマイナスの影響を残さないようにするには、「どうしたらいいのかな?」と考えます。

私の母がのこしたもの

そんなことを考えていくうちにふと自分の人生を振り返ると、「私自身、グリーフケアできていなかった時期があったな」と気づきました。

偶然ですが、私が癌と診断されたのは、私の母親が亡くなったのと同じ五十四歳でした。

その時、私は仕事にやや疲れ、連休がたまたまあったので実家でのんびりしようかと思って帰省していました。母は、「風邪が治らないから病院に行く」と言い、私はいやな予感がしました。案の上、母は「大きい病院で診てもらうように言われた」と帰宅し、一緒に近くの総合病院に行きました。

すると、胸部のレントゲンに白い影があちこちにあり、医師からは、「どこが原発か今のところわからないけど、肺癌です」と言われました。その後、肝臓が原発であることがわかり、母はそれから五、六カ月後に亡くなりました。

亡くなったあとは、「母がなに者なのか?」「なにを思っていたのか?」「父親とともにお墓に入ることを（父は母が亡くなる一年半前に他界）望んでいたのか?」などと考え…

…なにか突然、なにかが去っていったような感覚でした。そして、「この感覚は、どうして生まれてくるのだろうか?」と思いました。

当時の私は二十四歳と若く、「母親」という存在を自分の中で前向きに消化できていない状況でした。

その要因として、父と母が私が小学生のころに離婚し、母と離れて暮らしていたということ、そしてある日突然、母はまた父と復縁し私が高校を卒業するころに家に戻って来た、ということがありました。

親子間でなんの詳しい説明もなく、なんとなく、その時その時の現状を受け止め、「その時を生きるしかなかった」私がいたのでしょう。私も看護学校に進学して東京に行ったり、その後、大阪で就職し母の気持ちや思いをじっくり聞くこともなく、そして母になにか甘えることもないまま、去っていった感じでしょうか……?

その後、私は結婚や家庭をもつことにプラスのイメージをもつことができず、でも、それを完全に拒絶し、まったく一人で生きていくという勇気や覚悟もなく、なんとなく中途半端な自分がいたような気がします。

のこしていきたいもの

●息子にのこしていきたいもの

今となっては、母と自分は親子といえども別個な存在なので、母の生き方に関係なく、自分なりの人生を歩んでいけばいいと思っています。母も、子どもたちをかわいくないと思ってはいなかったはずです。その時々で一生懸命考え、その時に自分という一人の感情と母親としての葛藤はあったはずです。

そこをきちんとうまく表現できればよかったのですが、私たち母娘とも、不器用な部分があったのだと思います。

母が入院している時、オムツ交換をしたことがありました。その時、「娘を産んでよかったわ」とポツリと母が言ったりするので、私は、「こういう時ばっかり」とひねくれた考えをしたりして……母も、「ありがとう」の一言でいいし、私も、「どういう意味で言ってる?」って聞けばいいのに、聞かない。そんな屈折した関係でした。

しかし、自分が病気になって、息子や夫のグリーフケアを考えた時に、「こういう、ダメな母の残像が残り、自分のダメなところを母親のせいにしていたのはなんだったんだろう?」と思いました。

「その人がどんな人だったのか?」「どんな思いでいたのか?」「家族である自分は愛されていたのか?」、そして、「その人を愛していたのか?」が不確かだと、のこされた人が自分の中で亡くなった人のことを消化できず、その後の人生に引きずってしまうのかなと思いました。

私は、のこされた家族には、「今までありがとう」の気持ちや、「これからも見守っているよ」という気持ちを表現したものを残していきたいと思います。それこそ私が出会った患者さんがしていたように、息子にバースデーカードを書いて残していけばいいのかなと思っています。

うちの息子は、自分の名前は書けるけど文字の意味を理解できていないので、ビデオレター的なメッセージ方法がわかりやすいかなと思っています。

息子が成長する中で、「なにかさびしいな～」「お母さんに会いたいな～」と思った時に、息子の安心グッズになればとも思います。

亡くなった人とのつながりをなにかで思い出し、亡くなった人の身体はそこにはないけど、亡くなった人の存在を感じると、深い悲しみは和らぐような気がします。

夫にのこしていきたいもの

そして、夫に対しても、子育ても本当にいろいろ協力してくれたし、私の闘病中も、仕事、私の援護とがんばってくれたと感謝の気持ちでいっぱいです。

せめて息子が高校を卒業するまでは、夫婦ともに協力して息子を見守っていこうと思っていましたが、たぶんそこまではむずかしいと思います。

私が亡くなったあとも、一人で息子の面倒をみながら仕事をしていかなければいけない状況は本当に大変なことだし、家に帰っても息子とことばのキャッチボールができないのは息詰まることもあるでしょう。今は、私が夜に息子を見守ることができるので飲み会にも行けて気分転換もできますが、それも私がいなくなったらむずかしくなります。

私ができることは、夫が困らないようにこれから息子に必要な支援や、起こりうることの対応法などをまとめておくこと。

そして、夫がこれから迎える誕生日に、夫への日々のねぎらいとがんばっていることを、「私は空からきちんと見てるよ、ぎりぎりまで無理をしないで、疲れた時はショートステイや有償のヘルパーさんを利用するように」など、メッセージとしてカードに残していきたいと思っています。

●出会った人たちにのこしていきたいもの

事故などで突然亡くなった方たちがいる中で、幸い私には、「準備ができる時間」という宝ものをいただきました。この時間を大切に、親族をはじめ、今まで出会った方たちへの感謝の気持ちもなにかの形で残せたらと思っています。

義父は、絵や俳句が好きな人でした。義父のお通夜などの式では、義父の作品を親族や来てくださった方に見ていただき人柄を偲んでもらいました。私は、「とてもいいな」と思いました。

私には、絵の才能も俳句の才能もありませんが、私が好きだった本や音楽、そして今まで会った人たちとの写真などを飾ってもらって、「いや～あの人おもしろい人だったね。抜けたとこもあったしね」なんて思い出話を楽しくしてもらえたら、私は、最高にうれしく思います。

いろいろと、亡くなるまでに準備も忙しいですね。

死んでいる暇、ないですね。（笑）

2部

おとん

3章 おかんの闘病中

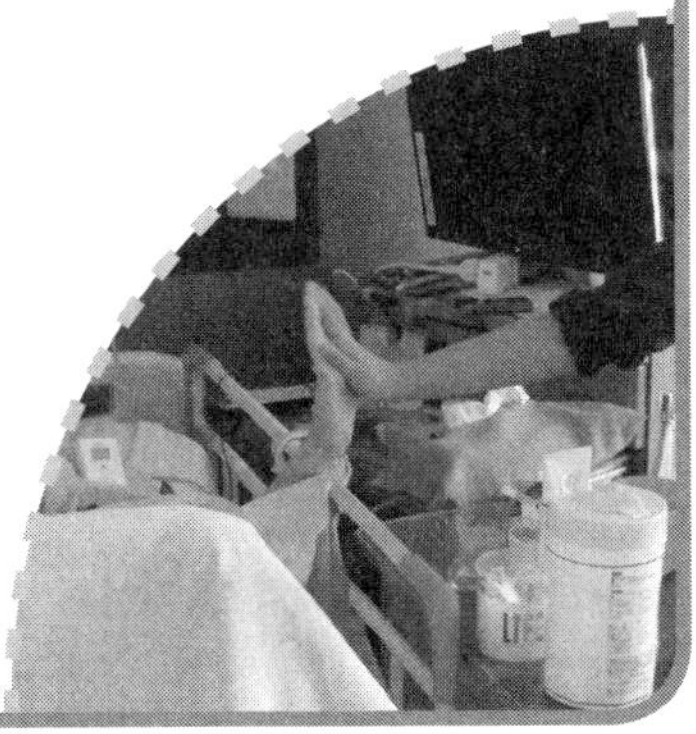

●入院して、湯治して

二〇一八年十二月のある日突然、おかんに癌が見つかり、入院した。クリスマスには退院でき、年末年始は自宅で家族で過ごせると思っていた矢先に膵炎になってしまい、正月は病院で迎えることとなった。その後、一月に退院したものの二日でまた再入院となり、退院できたのは二月初旬だった。

長い入院生活から自宅に戻ってからは、抗癌剤治療で時々二泊三日の入院はあるが、自転車に乗って買い物に行ったり、外食したりと、おかんが家にいてくれる安心感は半端なかった。

おかんは、体にいいと言われるものはなんでも取り入れていった。その中に、兄者から教えてもらったラジウム泉での湯治があった。場所は福島県三春町。最初はおかんも私も不安があった。もし、遠方に行っている最中に再び胆管炎になったらという思いがあった

峠駅の力餅へ向かうおかん「絶品！」・2019年7月

からだ。

しかし、意を決し家族で一度出かけてみると、現地では似たり寄ったりの境遇の方たちが湯治に来ていて、おかんはいろいろな方と話をして精神的にも安定したようだった。

最初に行ったのは三月の末。それから四回ほど通うこととなる。行きか帰りのどちらかは車で家族そろって移動して、もう片道はおかんが単独で新幹線を使うパターンだった。

おかん曰く、「愛知にいる時よりも、三春にいる時のほうが調子がいい」とのことだった。たしかに、三春にいる時のほうが顔色もよかった。

私と息子も昼間おかんが湯治している間

は近くをうろつき、温泉に入ったり、喜多方ラーメンを食べたりして楽しめた。

四回目の三春の湯治から帰って来てすぐの七月二十二日、おかんは再々入院となった。まさに、息子の夏休みが始まってすぐだった。

おかん曰く、「帰りに寄った須賀川のＪＡで、おいしそうだったので買って食べたきなこ餅が悪かった！ 前もきなこを食べたあとに胆管炎になった」とのことだった。担当医に言わせると、「それは関係ないと思う」ということで、私もそう思ったが……やはり、病気になるといろいろなことがトラウマになるものだと思う。


朝は平熱だったが、午前八時過ぎから発熱して悪寒がし出して、いつもの胆管炎と判断し自分で準備をして入院する。慣れたものだった。私は仕事、息子は放デイに行ってからのことだった。

その日のうちに、内視鏡で胆管にチューブを挿入する。うまく入ったそうだが、なかなか熱が下がらない。五日目くらいでようやく熱は下がったが、胆汁がなかなかうまく流れないようで、鼻から出した管が抜けない。

個室ではなかったので、毎日息子を連れて行くことははばかられた。夏休みに入っていたので、息子が放デイに行くのがだいたい朝九時過ぎ、私はどうしても仕事が始まる九時に間に合わない。おかんが朝の送り出しはできることを想定していたので、入院が長引くことで勤務を見直す必要が出てきた。七月中は、なんとか残業のやりくりで乗り越えて、八月は介護時短勤務をすることにした。

また、八月からは息子の放デイも木曜日の帰りの送迎を遅めに調整して、私の帰宅に合わせてくれる事業所さんに変更することにした。これで、木曜日の日中一時の分を土日などに回せることになり、サービスの組み合わせの幅ができた。

息子が小一からお世話になっていた事業所さんの変更だったので忍びなかったが、背に腹は変えられずという思いだった。

しかし、発病がわかり入院するまでの短時間で、必要と思われる事項をまとめて引き継ぐおかんの段取りの速さには驚かされた。

私は、どの金融機関の口座からなにがいつ引き落とされるなど、ほぼ知らなかった。なんせ結婚してこの方、小遣い制。自分の通帳すら何年も拝んでいなかった。給料振り込み口座から、学校の給食費引き落とし口座やローンの引き落とし口座の移動など、面倒このうえなかった。

●引っ越しでドタバタ

わが家は、六月中旬に分譲マンションから賃貸マンションに引っ越すこととなった。売却したマンションの引き渡しまでには、半月ほどの余裕があった。しかし、引っ越し日の前日におかんが急に入院してしまった。

業者に運んでもらう準備はあらかた終わっていたが、おかんの準備は、荷物の整理をしながらいろいろなものが出てきて、感慨に浸ってなかなか進まなかった。この時、おかんはどのような気持ちで荷物の整理をしていたんだろうか……私は、引っ越す段取りや息子の送り迎えや毎日の生活のことなどでいっぱいいっぱいで、おかんの気持ちを考える余裕はなかった気がする。また、引っ越しを決めた時、この先どれくらい一緒に住むことができるのだろうか……という思いがわいてくるのを抑え込みながら準備をしていた。結局、おかんの私物とＮＰＯ関連のものがまとめきれずに残ることとなった。

引っ越し当日は、おかんがＮＰＯの仲間に手伝いを依頼してくれたおかげで、なんとかスムーズに引っ越せた。

息子には数日前から説明し、引っ越し先にも何回か連れて行き部屋を見せていた。当日、放デイから帰宅する時は、前のマンションに送ってもらい荷物のなくなった部屋を見せてから新居に行った。予想外に、息子はなんの抵抗もなく新しい住処にすぐ慣れた。あらかじめ準備して視覚で説明しておいたのが功を奏したのだろう。

まだおかんの荷物とこまごまとしたものが前の部屋に残っていて、暇をみては運んだが時間が足りず、思い切って息子のいる休日に、「荷物を運ぶのを手伝ってくれる？」と言って前のマンションに行き、運ぶものを指定すると、なんとマンションの四階から一緒に何往復もして車に荷物を載せて、新居に着いてからも運んでくれた！これまた新しい発見だった。最後は東京から弟に来てもらい何往復かしてもらい、ようやく完了したのは引き渡しの直前だった。

そして、おかんが退院して新居に来たのは七月に入ってからだった。

●入院中に息子の誕生日を迎える

以前の私は、仕事が昼から二十二時までだったり、日勤でも帰りが十九時過ぎで、帰るとすでにおかんと息子は夕食をすませており、晩酌しながら一人で夕食を食べていた。おかんから、「今日はあまり食べなかった」とか、「なになにを食べた」とかいう話は聞いていたが、家族で一緒に夕食を食べるのは週末に外食する時くらいのものだった。だから、いざ父子家庭状態になった時、いったい息子はなにが好きで、どうすれば食べるのかがまったくと言っていいほど見当がつかなかった。

最初のうちは、それこそ手探りで惣菜を買って来たり、テイクアウトしてみたり、コンビニ弁当にしてみたりしたが、さすがにそれも長続きはしない。

そこで、発想を変えてみた。今までは、おかんが嫌いでわが家の食卓に上る機会がなかった、鶏肉や乳製品を使った料理や惣菜を食べてみることにした。するとどうでしょう〜、唐揚げやチーズなどをおいしそうに食べる息子。また、餃子など食べないと思っていたら、餃子チェーンのテイクアウトをよく食べる。一番の変化は、おかんの章にもあるが、テーブルで鍋料理を食べるようになったことだ。

おかんの規制のもと、禁忌だったことを全部やってみた結果、食のレパートリーが増えたのだった。

食に関してはちょっと誇らしい気持ちもあり、入院中のおかんに毎日のように、「今日の夕食」と題して、その日の食事を写真付きのメールで送った。

おかんの体調は小康状態で、八月二日に再度ステント挿入になる。当日は、私の弟が来てくれて手術が遅くなった場合の息子の対応に備えてくれたが、備えている時はスムーズにことが運び、息子が帰宅する前に手術は終わった。八月五日に、おかんの鼻から出していたチューブが抜けて少し移動が楽になった。

この日は、「息子の十歳の誕生日！」。夕方、ケーキを買って病院へ向かう。デイルームで久しぶりに家族そろって息子の誕生日を祝う。息子はケーキに集中していたが……。

●覚悟……

八月九日にようやく退院。再び三春に湯治に行くつもりだった。九月にはおかんの故郷の島根の友人たちと温泉で同窓会でもやって、そのあとに育った江津に行くかと、おかんは希望を膨らませていた。

しかし、八月十二日にまた発熱し、入院となる。結局、この短い退院が、自宅で過ごし娑婆《しゃば》の空気を吸った最後となってしまった。

この時私は、なんとなく、「このままおかんが逝ってしまうんじゃないか」と心のどこ

誕生日に病院のデイルームでケーキを食べる息子・2019年8月

かでは思っていたが、思わないようにと自分に言い聞かせていた。

八月に入り、おかんの体調も一進一退となり、発熱、解熱をくり返し、免疫も下降したり感染症が出たりで、抗癌剤投与ができない状態が続く。乳房下部にしこりがあり、転移もしてきた様子だ。

八月二〇日の本人の日記には、【そろそろ覚悟をする時期に入ったと思う】とある。

結局、夏休み期間中、おかん不在の家だったが、息子はそれなりにがんばって元気に過ごした。母が家に不在でも、病院に行けば会えるし、病院に行くことがレクリエーションにもなっているようだった。

九月、学校も始まり、ようやく私の時短勤務も終わり、前のタイムスケジュールに戻る。八月末、息子が通っていた「ひかりっこ」のバザーに息子と顔を出す。お世話になっていた方々に、「今のおかんの状態をいつかは話しておかないと」と思っていた。いい機会と思い、おかんの状況を説明した。みなさん、絶句という感じだった。この先、連絡しておかないといけない人に伝えないと……。

九月は、息子の遠足があり弁当をつくらなければいけなかったりと割と忙しく、以前ほどは病院に面会に行けなかった。今後のことも考えて、九月から息子のショートステイも入れることにした。


おかんが入院することになり、今までの放デイのみではどうしても仕事帰りに間に合わないために、日中一時を使うことにしてなんとか難局を乗り越えることとなった。そこで問題となったのは、それぞれの福祉サービスの内容と利用回数のカウントの仕方などだった。

何カ所も利用していると、利用回数を計算して翌月の予定を組まなければならない。そこに自分の仕事のシフトとの兼ね合いを調整する必要もあり、最初のうちは頭がこんがらがったものだった。ヘマもよくした。

依頼していたつもりで送迎が抜けていたり。休みだから利用を省いていたことを忘れていたり。いつも、おかんが翌月の利用の予定を組む時に自分の勤務とＮＰＯ活動やらとをやりくりして、ブツブツ言っていたことが身に染みてわかったものだった。

●緩和ケア病棟に

九月十三日、そうこうしている間におかんは腹水も溜まり始め、医者の見解は、「そろそろ緩和ケアに入る時期がきたと思う」と。

しかし、この時おかんは、「再度セカンドオピニオンを聞いてみたい」と言っていた。

本人曰く、「もう少しあがきたい」ということだった。私はそれならと、一度退院してセカンドオピニオンを聞きに行く段取りを考えていた。

その矢先、急速におかんの体調が悪くなり衰弱がはげしくなっていった。ほんの二、三日会っていなかったら、ビックリするほどの状態になっていた。この時、はっきりと「死期が近い」と認識せざるをえなくなった。おかんも、「もう緩和ケア病棟に移りたい」と言う。緩和ケア病棟の病室が空き次第の移動となり、私も十月から介護休職に入ることにした。

緩和ケア病棟に移動することを決め、おかんが気を使い連絡していなかった人たちに状況を連絡する作業を始めた。すると、毎日のようにママ友、ＮＰＯ関係、事業所関係、看護学校同期生、島根の友人たちなどが会いに来た。妻の人柄がわかる事態だった。

緩和ケア病棟に移動する日、その日は横浜から私の母と妹が面会に来てくれていた。ちょうど私が不在の時に移動が始まってしまい、母と妹が荷物を運んでくれたとのことで、移動がすっかり終わってから戻った私は、おかんに罵倒されてしまった。久しぶりにおかんの元気な声が聞けて、少しうれしかった。

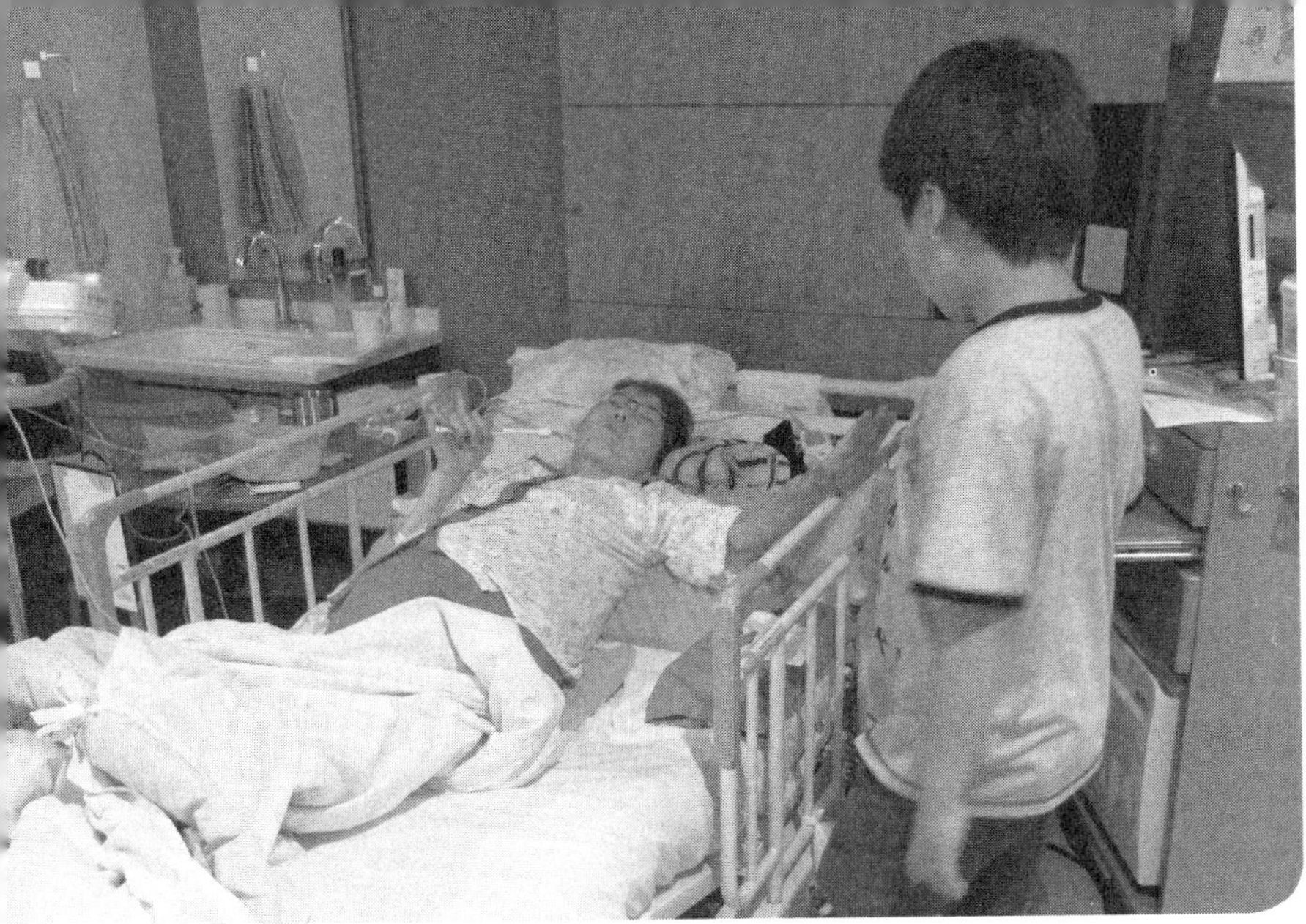

緩和ケア病棟に移ってはじめて息子と・2019年9月

緩和ケア病棟に移ってから、「個室なのが一番うれしい」とおかんは言っていた。

この間に、息子は早朝から発熱し三八・九度になったことがあった。学校は土曜日で休みだったが、インフルエンザの可能性があるので馴染みの耳鼻科へ行ったが陰性だった。先生も、「咳も鼻も出ていないのでたぶんちがうよ」とのこと。翌日には、平熱でケロッとしている。どうもこの時期の息子の発熱や嘔吐は、タイミングがおかんが手術の日とか体調が悪い日と合っている。なにか連動しているのだろうか？

息子がはじめて緩和ケア病棟に来た日、お

かんが「個室だし、お弁当でも買って来て一緒に夕食を食べようか?」と言うので、息子と二人でカツ丼を買いに行った。

しかし、息子は、はじめての部屋のあちこちが気になり落ち着かず、食事もそこそこで個室内をウロウロする。とうとうおかんは、「疲れて落ち着かないので、食事はもういいや」と言った。

でもこれが、家族三人で一緒に食べた最後の食事だった。

病院は広くて、建物が継ぎ足し継ぎ足しされていて、はじめて来ると迷路のようだったが、息子はほぼ把握しており、緩和ケア病棟も一度行くとルートを覚えてしまった。

緩和ケア病棟は一般病棟と別棟にあり、屋上庭園があったりする。緩和ケア病棟へ行く通路は、今までいた一般病棟の通路と同じで、途中で分岐する。私は、一般病棟へ向かう人たちを見るとうらやましいというか、切ないというか、複雑な感情が毎回わいてきた。

緩和ケア病棟にいるということは、つまり、余命が見えていて、病院を出る時は「死んだ時」と決まっている。

おかんが緩和ケアに移ったことで、いよいよ最終段階に入り、残り少ない時間を一緒に過ごすために、十月から介護休職をすることにした。仕事のまとめをして、休職することを告げると、驚く人、事情を知っていて涙する人、反応はいろいろだった。

休職してみると、意外とやるべきことがゾロゾロと出てくる。役所に行ったり、斎場を決めてきたり。面倒だったのが、いろいろな引き落とし口座を変更したり、契約を解約したりする作業だった。委任状をおかんに書いてもらう。おかんの意識がしっかりしているうちに確認しておく必要があるのだが、気が重い作業だった。

●会わせたい人

最終段階に入ったことをみなさんに連絡したので、日替わりでいろいろな方々が面会に来てくれた。遠く島根から弾丸ツアーで来てくれたり、東京から日帰りで来てくれたり、ＮＰＯメンバーや、「ひかりっこ」で一緒だったママ友たちなどなど。

中でも私としては、どうしても会ってもらいたい人がいた。それは、息子の元担任のS先生だ。S先生は四月に転勤されていたので、どうしたものかとちょっと考えたが、手紙を書くことにした。すると、なんと投函してから三日後に面会に来てくれた。

来てくれたことをあとで聞き、おかんから、「あんたなんで手紙なんか書いたん？」と言われたので、「余計なことをしたか？」と思っていた。しかし、ちょうど面会時に一緒になった「ひかりっこ」の木村さんが、「お互いに会いたいなと思っていたそうだよ、手紙を書いたお父さんはえらい！」と言ってくれた。やはり手紙を書いてよかった。

また、おかんが日記を書くことができなくなってから始めた、ICレコーダーに録音して残した日々のことばをあとで聞いたら、「なんと今日はS先生が来てくれました。夫が手紙を書いてくれたらしいです。ありがたいです」と録音されていた。胸が詰まった。

日々弱っていくおかん。腹水も溜まり、足もむくんできて、起き上がるのもきつくなりつつあった。着替えが入院セットとオムツに変更になると、洗濯物も激減した。

息子を夜に連れて行くと大変なので、十月に入ったころからは登校する前に病室に行く

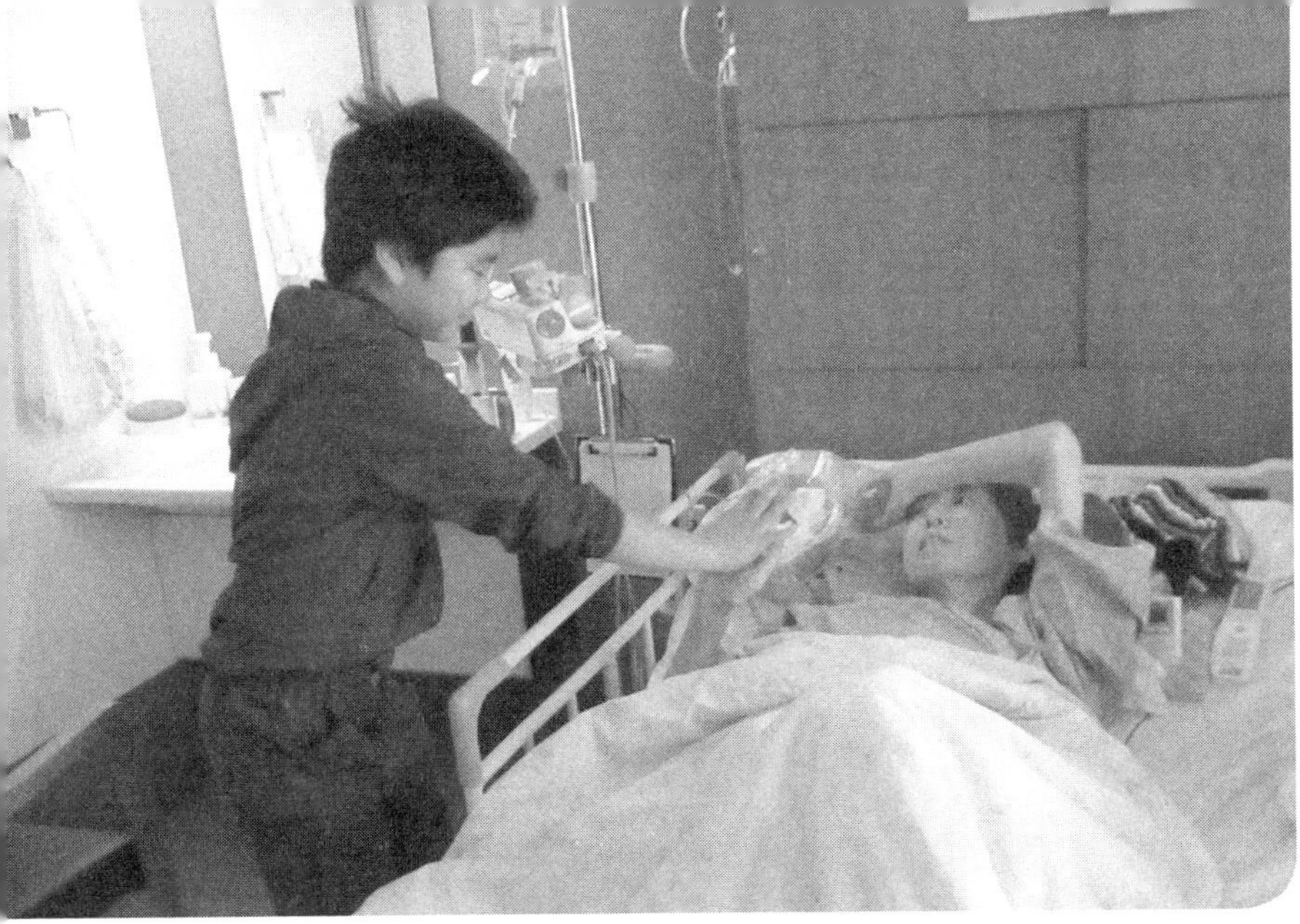

朝の挨拶、「行ってきます」のタッチ・2019年10月

ことにした。スクールバスが七時五十分発なので、七時前には病室に行くことになる。緩和ケア病棟は、二十四時間面会に行けるのでこんなこともできる。

朝五時前に起きて、息子の準備やら朝食を準備したりしてから家を出て、病院へ向かう。毎朝、登校前に病室に行きおかんの顔を見て、「行ってきます」のタッチをするのが息子の日課となった。

●ビデオレター

緩和ケア病棟に移る少し前からおかんは、「そろそろビデオレターを撮影しないとなぁ」と、時々つぶやくことがあった。それを聞くたびに、私は耳を塞ぎたくなる衝動と撮影の先にあることを考えることが辛くて、黙って反応できなかった。

しかし、十月に入り、徐々に弱っていく姿を見るにつけ、「意識がしっかりしているうちに撮らないといけない」と思い、本人の体調をみながら少しずつ撮影を始めた。

最初は、来年の息子の誕生日から、毎年の誕生日へのメッセージを撮り始めた。一度の撮影で二回分ぐらいを撮る。十一、十二歳、小学卒業、中学入学、十三歳、十四歳、十五歳、中学卒業、高校入学、十六歳、十七歳、十八歳、高校卒業までを撮影した。

緩和ケア病棟に移って、はじめのうちはそうめんを食べたり、おにぎりを自分でつくって（時には面会に来てくれた方々に手伝ってもらって）食べたりしていた。他にもあれこれ頼まれるので、毎日希望のものを買い出しに行く。島根の浜田産のちくわ、アセロラドリンク、ネクター、魚肉ソーセージ、巨峰、フルーツ缶、アイスの白くまなどなど。食事の介助もした。最後に口にしたものは、アイスの白くまを三口くらいだった。それは、他界する二日前だった。そしてそれは、ビデオレターを撮り終えた日だった。

●最後の日

その日は、ビデオレターを撮り終えた翌日だった。医師との面談で、「ここ数日の様子からしていよいよ残り数日が山だと思われる。沈静剤投与を希望されると会話はできなくなるので、話すことがあれば今のうちに」とのことだった。

この日も、いつものように登校前に息子は面会した。

午前中は、呼吸が苦しいながらもまだ会話はできていた。面会に来てくれた兄者とも、いつもの冗談交じりの会話をしていた。昼過ぎに、兄者は一度大阪の自宅に帰り翌日にまた面会に来ると言って帰った。昼には「ひかりっこ」での戦友のガーコ夫妻も面会に来てくれる。

私は、いよいよと思いお世話になっていた方々に、「ここ数日が山だ」と連絡をする。横浜の私の身内にも連絡。先日見舞いに来てくれた福岡の叔母にも連絡をすると、「耳は最後まで聞こえているから、声をかけてあげて」と言われる。

昼が過ぎて、おかんが私に言ったことは、「もう、いらんものは持って帰って」だった。そして、それ以降会話はできなくなり、苦しい呼吸をしている状態となる。

緩和ケア病棟の先生にも、「耳は聞こえているから」と言われる。そこで、長渕剛の桜島オールナイトライブのＤＶＤをリピートで流し続けた。先生が、「長渕ですね」と声をかけると、おかんの手が反応していたそうだ。

おかんがしゃべることができなくなった状態のまま夕方まで病室にいたが、息子が帰宅する時間になり帰宅する。息子が翌日ショートステイなので、「明日は病室に泊まろう」と考えていた。

帰宅しても寝るに寝つけず、早朝三時過ぎに起きた。することもなく、この本の原稿を書いていた。午前五時ごろ、病院から連絡が入る。「脈拍が弱くなってきた」と。

息子を叩き起こす。息子は当然ぐずったが、「お母さんに会いに行くよ」「最後になるよ」と。いつもとちがう雰囲気と私の勢いを見て、息子もふつうでないことを感じたようで、軽く朝食を食べたあと病院に向かった。

病室に行くと、呼吸がかなり浅くなってきている。昨日から流しっぱなしの長渕のDVDが流れている。息子はそんなおかんを見て、病室にいたくなくなったのだろうか、外に出たがった。私は病棟をウロウロしたり、病院内をウロウロしたりしながら、関係各所に連絡を入れた。地に足がついていない感覚だった。

息子の学校は、七時半にならないと連絡が取れない。病院にいても落ち着かないので、スクールバス停まで行き直接添乗の先生に、「妻が危篤なので、今日以降の登校は白紙状態」と伝える。息子と病院へ帰る途中で再度病院から連絡、「一層、脈が弱くなってきた」と。

病室に帰ると、ちょっとしてから木村さんが駆けつけてくれて、息子の相手をしてくれた。いよいよという段階になったら連絡し、病室に連れて来てもらうことにする。

それからは、落ち着いて最後までおかんの手を握ってやることができた。午前九時ごろになると続々と関係者が来てくれる。

息子を連れて来てもらい、息子の手の感触を感じたあと、おかんはすぐに旅立った。大勢に看取られながら、二〇一九年十月十七日、十時十七分、おかん他界。

息子は、最後におかんの手を握り別れの挨拶ができた。

臨終に際して、私一人ではとてもとても対応しきれなかったと思う。あらためて、おかんに関係したすべての方々に感謝します。

NPO の調理実習でのおかんと息子・2017 年

息子9カ月・2010年5月

コラム・息子（1）

おとん

結婚後、長い不妊治療の末に授かった息子だが、その前に妊娠はしたが流れた長男か長女が息子の上にはいた。そのあともなかなか子どもができないので、「そろそろ諦めて養子を考えようか？」とおかんが言い出し、これで最後と思っていたところになんと息子ができたのだった。

妊娠中、羊水検査をするかどうかになり、「もし検査の結果、問題ありとなったらどうする？」とおかんに聞かれた時、私は即答できなかった。その時おかんは、「なんて冷たいんだ」と言って怒った。

思えば、この時点でおかんは母になっていたのだろう、そしてたとえ障がいがある子どもでも、産んで育てるという覚悟ができていたのだろう。やはり母は強し。

4章 おかんをおくる

おかんがとうとう、本当にこの世からいなくなってしまった。
それまでは、家にいなくても病院に行けば会えたし、
会っていなくても存在を感じることができた。
それが、骨になってしまった。
日を追うごとに、さびしさが身に染みる。
もっと、なにかやれることがあったんじゃないか、
してあげられることがあったんじゃないかという思いが、日に日に増していく……。

●おかんをおくる準備

十月に入り、おかんの先行きがカウントダウン状態になったので、考えたくなかったが亡くなった時の実務的なことの段取りを考えざるをえなくなった。以前、おかんが言っていた「送る会」的な葬儀をベースにいろいろと考え、準備を始めた。

葬儀に来てくれる方は、いくつかのグループに分けられる。故郷島根の友人関係、看護学校の同期生、愛知に来てからの知り合い（勤務先、息子関係、ＮＰＯ関係）。結婚前の関係者は、私とおかんよりも古い付き合いの方々なので、私の知らないおかんの話を聞きたいという思いもあった。

葬儀は「送る会」で無宗教で行うことに決めたので、思い出を語ってもらうための資料づくりを始めることにした。アルバム、ブログのファイル、小学校の引き継ぎ帳などなど。ＢＧＭは、やっぱり長渕かな?、通夜と告別式があるから、一日目は長渕、二日目は私の趣味で中島みゆきにするか?

通夜では代表者数人に思い出を語ってもらい、告別式の時は参列者全員に献花してもらい、一言ずつ故人に語りかけてもらう形式にした。

あとになって思ったが、結婚式と同じようにオリジナリティがある葬儀というのは、かなりの労力を要するなと思った。それも、結婚式みたいな幸せの絶頂ではなくて、もうすぐ亡くなる人の葬儀のことなので複雑な心境でもある。

人が亡くなった時は忙しいものだから、いろいろな宗教の各派の形式に則って葬儀を取り仕切るのは、省エネだし、喪主の負担は軽減されるんだなとも思った。ただ私は、参列する人が気を使うこともなく、「それぞれ、自分の宗旨でお別れしてくれればいい」という思いがあった。

緩和ケア病棟に移ってから、いよいよおかんの最後が目の前にせまってきたので、「母の死」について、息子にも説明しなければいけないと思い、どのように伝えるかをいろいろと考えた。

二年前に私の父が亡くなり、葬儀に参列して骨も拾い、その後、横浜の実家に帰ると息

画伯に描いてもらったイラスト

子は教えていないのに父の遺影の前に正座をして手を合わせることをしていた。なので、ある程度の知識と、死に対する認識はあると思っていたが、「実の母となると、どういう反応をするか？」不安でもあった。

死についてわかりやすく描いてある絵本を軽く見せたが、見たくないのか、途中で「もういいよ」という感じだった。

他にも、亡くなるまでの段階をイラストで表したり、二年前の祖父の亡くなった時の写真とおかんの写真を組み合わせて葬儀の一連の流れを見せるものをつくったり、画伯（NPOのイラストを書いてもらっている画伯こと竹内さん）にお願いして、イラストを描いてもらったり……などと考えている最中に、私がつい寝床の中で、「もうすぐ、お母さんと会えなくなっちゃうんだよ」とポロっと言ったところ、息子は泣き出し、寝つくまで布団の中でオイオイと泣いていた。と、その時、「こいつも事態を把握していて、いずれ母に会えなくなることを認識しているんじゃないか」と感じた。

そうこうしているうちに、おかんが他界してしまった。結局、準備した資料でちゃんと使えたのは画伯のイラストで、他界したあとに息子に見せて読んでやったことだけだった。ただ、おかんが他界した時、「息子が病室の窓を開けようと必死だった」、「ひょっとしたら、魂を部屋から出そうとしていたんじゃないか」とあとから聞いた。絵本を軽く見せてはいたので、ひょっとしたらそうなのかもしれない。本人がしゃべれたら少しはわかるかもしれないのだけれど……。

それにしても、他にも絵本をいくつか見たが、どれも出てくるのは母か祖父母ばかりで、父親が出てくる本が見当たらないのはなぜだろうか？

●おかんが他界した日

他界してからは、葬儀の段取りに流されて悲しんでいる暇もない状態だった。亡くなった当日、息子はショートステイする予定だった。本来、息子がショートステイしている間、私が病室に泊まるつもりだったのだが、それもできないままおかんを旅立たせてしまったという後悔の念が残った。

葬儀社との打ち合わせで、葬儀は翌日に通夜、翌々日に告別式、当日は斎場におかんを安置することとなった。おかんを一人きりにすることもできないので、息子は予定通りショートステイに行かせることにした。

息子がかつて通園していた、「ひかりっこ」の木村さんが、おかんが亡くなる直前に病院に駆けつけてくれた。この時の昼から、火葬するまでの三日間、毎日息子についていてくれたので、私はいろいろな手続きをこなすことができた。

木村さんのおかげで、息子はおかんの死目にも立ち会えたし、体が病室からいなくなったあとにも、病室に連れて行ってもらい、「もうここにはお母さんはいないんだよ」と説明してくれた。

昼から、息子は「ひかりっこ」で、木村さんに相手をしてもらい過ごした。夕方息子を迎えに行き、ショートステイ先の「えんご会」に連れて行く。翌日は、「えんご会」から学校に送ってもらうことにした。これで、翌日の日中は通夜などの準備ができることになる。

息子をショートステイに預けてから斎場に戻ると、「ひかりっこ」で一緒だったママ友が、「仕事で葬儀には来れないので」と言って、顔を見に来てくれていた。翌日の昼も同様に元同級生のママさんが来てくれた。みんな、戦友の死を悼むような雰囲気を感じさせた。おかんが病気になってから相談に乗ってくれていた相談事業所の山田さんも来てくれた。

そして、学校が終わってから駆けつけてくれたS先生は、葬儀の時に見てもらうために

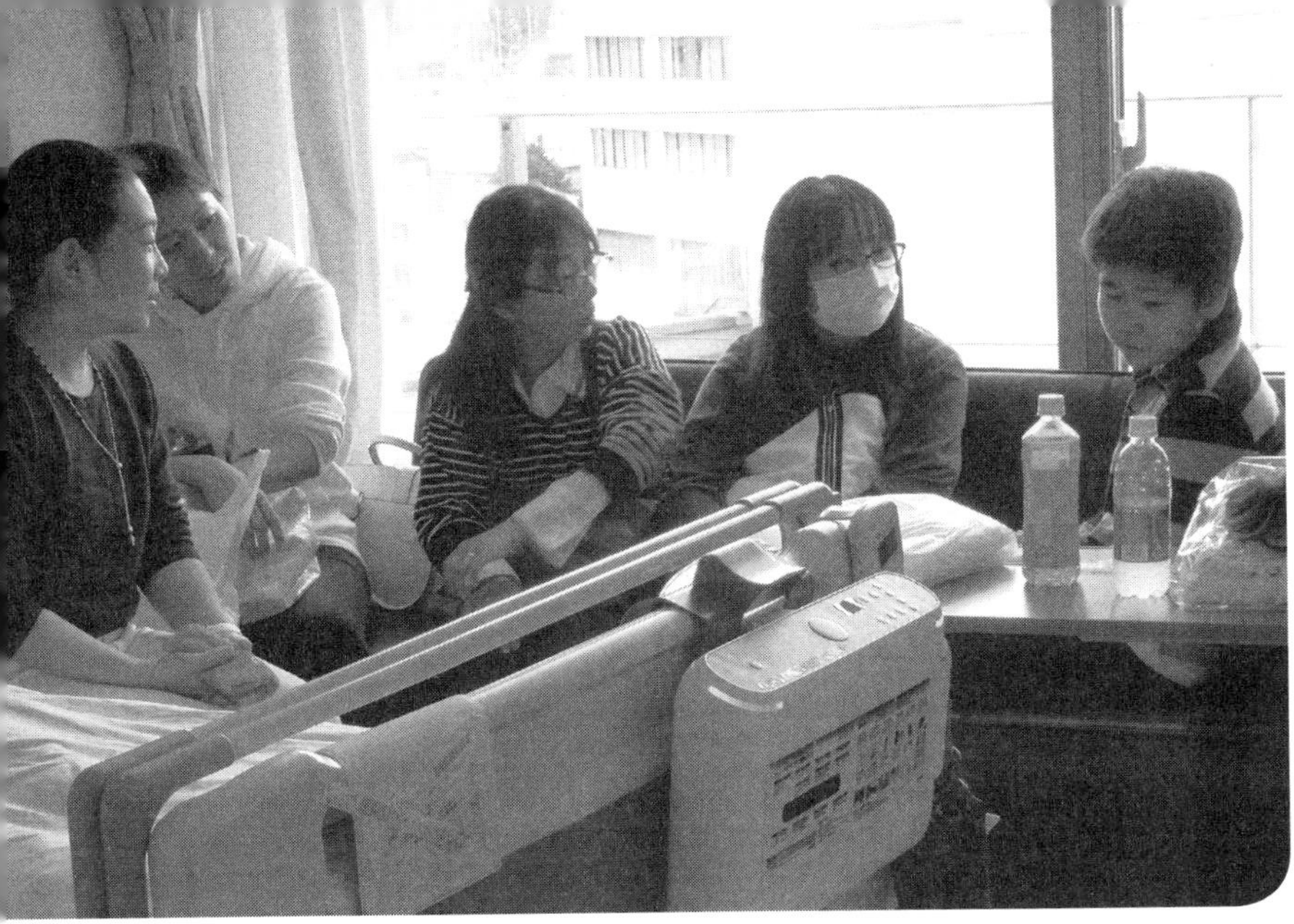

病室に駆けつけてくれたおかんの仲間たちと息子・2019年10月17日

作成した偲ぶ品々、学校の引き継ぎ帳のおかんとのやり取りなどを読みふけり、「帰れんな〜」などと言いながら、遅い時間まで懐かしんでくれた。

誰もいなくなり、おかんと二人きりになった夜、寝るに寝つけず、かといってなにかをすることもなく、通夜の朝を迎えた。

通夜の日

通夜の日、昼過ぎに納棺師によりきれいにしてもらう。溜まっていた腹水も抜いてもらい、シュッとなったおかんを見ていると、今にも起き上がりしゃべり出しそうな気がした。

午後になり、会場が形になり実感が増してくる。十六時に、スクールバス停に息子を迎えに行き、喪服に着替えさせてからこれからのスケジュールについて説明する。息子は神妙な顔つきで話を聞いていた。どこまで理解しているかは不明だが、私の表情で、「これから行われることが通常のことではない」とは理解したようだった。

十七時半になると、ゆかりのある方々が集まり始めた。その方々が準備しておいたおかんを偲ぶ品々を読みふけっているのを見て、準備しておいてよかったと思った。

式の最初に私が喪主として挨拶をし、息子とお辞儀をする。この時、いつもは首から上の頭だけを「こくっ」とするお辞儀しかしなかった息子が、はじめて上半身を前かがみにするお辞儀が「できたっ！」。悲しみの中、うれしい奇跡だった。

BGMは長渕剛。二十時ごろにお開きとなった。式の間、息子は控え室で夕食の弁当を食べていたが、この時は支援学校の先生、「えんご会」の神谷先生と楽しく過ごしていた。おかげで、つつがなく式も進行した。

おかんを偲ぶ品々に囲まれて・2019 年 10 月 18 日

夜は斎場に兄者一家が泊まってくれて、私と息子は自宅に帰り本当の意味で二人きりになった夜を過ごした。息子はやはり、興奮状態なのだろう、一睡もできずに朝を迎えた。

通夜の日と告別式の日の連日、雨だった。これには、天からおかんが言っている声が聞こえたような気がした。

「やっぱり、あんたがなにかすると雨が降る」と。たしかに割と雨男で、旅行に行っても必ず一日は雨が降った。

おかんが他界した日は晴れだったので、「やっぱりね」と笑っている気がした。

●告別式の日

告別式、午前十時に開始。ＢＧＭは中島みゆき。昨日の通夜と異なり、告別式はおかんの故郷の島根の友人、看護学校同期生など、遠方の参列者がメインとなる。今日も、息子は私と一緒に喪主の挨拶をした。その後は、「ひかりっこ」の木村さんに託す。

参列者に一人ずつ献花してもらい、おかんにことばをかけてもらう。私の知らないおかんのことを聞けて、やはりこの形式でよかったと思う。

葬儀の最後に再度、木村さんに息子を連れて来てもらい一緒に挨拶。そのまま火葬場に行き、棺桶が炉に入るところまでを一緒に見送り、火葬が終わるまでの間、再度木村さんに息子をお願いして斎場に戻り親族で昼食をとる。

二時間後に火葬場に行き、木村さんに息子を連れて来てもらい、一緒に骨を拾うことができた。「上出来！」。これで、一連のことは完了した。

今思うと、葬儀期間中は息子関係オールスターズ状態だった。みなさんの助けがあった

息子とおかんの骨を拾う・2019年10月19日

からこそ、なんとか自閉症の息子を抱えながらも乗り越えることができた。

あとで聞いたのだが、生前おかんが木村さんに遺言のように、「他界した際は、おとんを助けてやってほしい」と言っていたそうだ。

やはり、身内が近所にいない場合、こういった時には多くの助けがないと厳しいものだということがわかった。

助けていただいたみなさんに、感謝。

●息子がはじめて泣いた夜

告別式の日はぐったりで、惣菜を買って来て食べ、父子ともに早々に寝てしまった。緊張の糸が切れた感じ……いつ鳴るかわからない携帯電話を気にすることもなく……。

告別式の翌日の日曜日、なにもする気が起きず、二人でドライブに出かけてしまった。月曜日、息子は学校へ、私は役所などに諸手続きに行き、一日が終わる。

火曜日、この年のみ天皇陛下行事で祝日。この日、息子は日中一時預かりで夕方まで不在なので、その間におかんの部屋などを片付けて、遺骨を置き、遺影を飾る。

夕方息子が帰宅してから、「二人でおかんに挨拶をしよう」と遺影の前に連れて行く。すると、葬儀からまったく泣かなかった息子が突然泣き出した。

その後の風呂、夕食の間も泣き続け、泣きながら寝てしまった。どちらかと言うと、嗚咽のような泣き方だった。おかんの荷物が整理され、遺影を見て、母にもう会えないという現実が、やっと事実として認識できた瞬間だったのだろう。

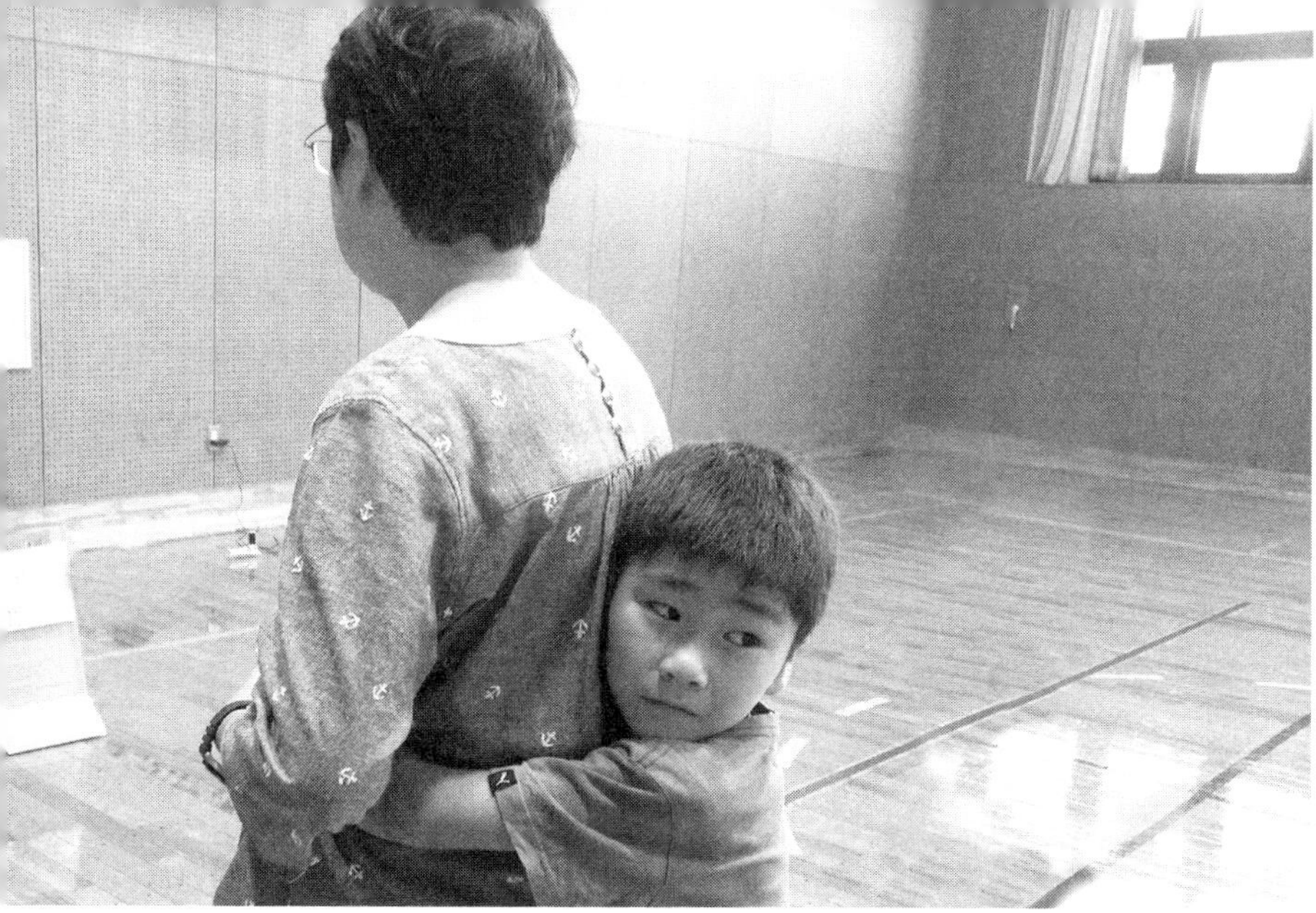

NPO の体育イベントで、おかんと息子・2017 年 9 月

泣いた翌日から、起床時、登校時、帰宅時、就寝時に、息子と一緒に遺影に挨拶することにした。最初は少しウルッとした息子だったが、次第にそれもなくなった。

遺影に挨拶する時、息子が遺影に手を触れる。最初は、「なんでだろう?」と思っていたが、毎回、毎回、必ず手で触れる。よくよく思い返してみると、出かける時などに毎回息子がおかんとタッチしていたのを思い出した。

「なるほど、おかんとタッチしてたのね」と腑に落ちた。

●少しずつおかん不在の生活が日常化

おかんが他界してから少ししたある日、夕食におかんと三人でよく行っていたファミレスに行こうとした。ところが、店の駐車場に着くと息子は泣き出していやがった。

おかんの入院中は、私の母や弟と一緒に行ったのに……私と二人だけで店に行くことが悲しかったのか？……とりあえずその日は惣菜を買って家で食べた。この調子だと、今まで三人で行った外食の店はどこもダメなのか……。

年が明けて一月のある日、息子に、「今日の夕食はどこかで食べようか？」と言って写真を見せると、このいやがった店を選んだ。たらふくサラダバーも食べた。息子の中で母の死が克服されつつあるということなのだろうか？

他界してから二カ月がたち、毎日の生活をくり返すうちに、父子ともに母が不在の生活パターンが通常となってきた。

島根のおかんの実家で・2015年12月

年末、福祉サービスもすべてが休業になる期間だけはどうしようもないので、会社を休んだ。いい機会なので、息子と二人でおかんの故郷である島根県江津市に、おかんの実家の墓参りに行くことにした。

五年くらい前に一度行っただけなのに、息子は墓の位置やら街のことをよく覚えていて驚いた。久しぶりの山陰の海は、変わらずきれいだった。あちこちの温泉に入り、海で遊び、息子も大満足。

こうして年が明け、三学期が始まり、おかんのいなくなった、いつもの日々が始まった。

●父子のグリーフケア

私の場合は、おかんが他界して毎日ドタバタして生活している中で、時々フッと、虚無感というか脱力感というか、なんとも言えない感覚にとらわれる瞬間があった。夜、となりで寝ている息子の顔を見ていると、泣けてくることも幾度とあった。仕事に行っている間のほうが、気が楽だったりした。

会社でカウンセリングをしてもらう機会があったので、いろいろな現状を話したりもしたが、自分の不安な気持ちを吐き出すだけで、正直、解決策が示されるわけでもなく、かえってイライラが増えた気もした。

特に最後に、「ご自愛ください」と言われる時には、「あちこちで言われるけど、息子には私しかいないんです。ご自愛できればしたいですよ。誰か代わってくれますかね？」と毒づいてしまい、かえって凹んだりもした。

でも、息子がショートステイで不在の夜などは、落ち着かなかったりしている。はじめは、「今日は一人で羽が伸ばせるぞ」と考えていたが、当日になると落ち着いて過ごせない。「もう風呂に入ったかな?」「寝たかな?」などと、しょっちゅう考えてしまう。

しかし、この本の原稿を書くことが自分の中の悲しみや感情に向き合うことになり、結果、グリーフケアになったのではないかと思う。

息子の場合は、おかんが他界してはじめて泣いた日から、次第に甘えるシーンが増えてきた。私に対してもおかんが入院中はしなかった(小さいころはよくやっていたが)、布団に夜もぐり込んで来てくすぐりをねだったり、乗っかって来たりすることが多くなった。福祉サービスでも、「甘えるシーンが増えた気がする」と各所から聞くようになった。息子は息子で、母不在の穴埋めをいろいろな人に求めて、乗り越えようとしているのだろうと思った。

そんな中、おかんが他界してからは、促されないとおかんの部屋には入ろうとしなかった息子が、三カ月がたった二月のある日、自らおかんの部屋に入った。そして、おかんが使っていた時のままにしてあるベッドにもぐり込んだのだった。

そして、過去の写真を引っ張り出し、家族で泊まったコテージの写真やおかんの湯治で訪れた三春のコテージの写真を持ち出して来て指さし、「ここに行こうよ」と言うようになった。そこには、生前のおかんも写っていた。この時、「息子も母の死を乗り越えていこうとしているな」と実感した。

三春という場所は、五カ月の間に何回も通ったので、第二の故郷的な気持ちにもなって、三春に着くと、「あー帰って来たな～」みたいな感慨深い感情も出てきていた。家族での最後の思い出に残る旅行の地だからだろう。

そこで、三春で泊まったコテージのように、那須のコテージと蔵王のコテージに泊まることにした。三春は大人一人と子どもだけでは泊まれないので、「次回にね」と言って納得させた。

那須に泊まり、朝一で秘湯の温泉に立ち寄った。タイミングさえ合えば、凸凹くん連れでも、「このような秘湯などにも行けるな」と痛感。このあと、蔵王にあるコテージに宿

おかんと三春のコテージの前で。最後の家族写真・2019年1月

泊した。

コテージには温泉が引かれていて、息子は滞在中に四回も入浴する。すっかり温泉好きな子どもに仕上がった。

帰りは喜多方に立ち寄り、前年に寄ったラーメン屋で昼食。よそのラーメン屋や、家でつくったラーメンはさほど食べないのに、このラーメンはスープまで飲み干す食べっぷり。

ということで、おかんの思い出をトレースする旅で、「一段成長した息子」だった。

小学校入学式の日。体育館に入れずウロウロする息子・2016年4月

コラム・息子〔2〕

おとん

息子はすくすくと成長したが、三歳を過ぎてもことばが出ず。診察の結果、「自閉症」と言われ療育手帳が給付された。

おかんは、「もっと早く気がついてやればよかった」と言ってかなり落ち込み、その後、息子の療育に邁進することとなる。その様子には鬼気せまるものを感じた。

小学校。おかんは、家の向かいにある小学校の支援級に行かせようと考えていたが、数回視察に行き実際に息子を連れて行くと、はじめてで落ち着かずウロウロとする。付き添いがいれば受け入れ可能と言われ、すったもんだの末、学校側の話に失望し支援学校に行くことにした。

支援学校での息子は、のびのびとして教室にもちゃんといられている。トップの考え方次第なのだと身に染みる。

5章

おかんがいなくなってから

●父子家庭になった色気のない部屋

私は、昔から温泉が好きで、独身時代から山登りと温泉入浴をセットにしてよく出かけていた。結婚し子どもができてからも、工夫して凸凹の息子と泊まれそうなところを探して出かけたりしていた。おかんが他界してからも、息子と気分転換を兼ねて日帰り温泉などに出かけている。

そこで思ったことは、うちの場合、「男＆男」の同性の組み合わせなので、公衆浴場でもトイレでも一緒に入れるが、これが「男＆女」「女＆男」のように、異性の組み合わせだとどうなるのだろう。

「風呂は、家族風呂のようなところでないとダメなのだろうか？」。異性の浴室に入れるのは、せいぜい小学校低学年までだ。トイレもそうだ。「多目的トイレがなかったら、どうするのか？」などと考えてしまう。

北軽井沢で足湯を楽しむおかんと息子・2016年3月

おかんが発病する直前に、移動支援について、「息子も小学四年、女性スタッフさんだと一緒にトイレに入れないよね。息子の体力もついてきているし、そろそろ男性に同行してもらったほうがいいのかな?」と言っていたのを思い出した。

その後、いつもお願いしていた女性スタッフさん(息子の幼少期から知っている方)が、所属していた福祉事業所を辞めることになり、その機会に男性スタッフさんが移動支援をしてくれる事業所と契約することにしたのだった。

最近、息子に関するいろいろな事象を家庭

内で話せる相手がいないというのは、こうもストレスになるものかと実感することが多い。一人で考えていると、うつうつとしてしまう。

それにしても、男二人の家の中というのは機能重視で色気がまったくない。女性がいると、機能的にはなんの役にも立たないけど、華やぐような装飾が随所にあるものだ。たとえば、ティッシュボックスの花柄カバーとかトイレットペーパーホルダーにかぶせる布製のカバーなどなど。

おかんが残していったそれらの品々も、時がたつにつれて減っていくのだろう。

●休校

二〇二〇年に発生した、新型コロナウイルスのパンデミック。なかなか感染者が減らない中、毎日、不安と闘いながらの生活がいつまで続くのか。「もし、まだ妻が存命だったらどうなっていただろうか？」と考える。ただでさえ抗癌剤で免疫力が落ちているところに、新型コロナ騒ぎ。おかんが入院していたら、面会もできないし、三春にだって行けなかっただろう。

そして最大の懸念は、私か息子が感染し、入院となった時、どういう問題が起きるのかということ。一緒に隔離されてホテルなどに入るならまだしも、片方だけが入院になったらどうなるのか？

時差通勤で人は少ないが、戦々恐々としながらの出勤の日々。いっそのこと、「来なくていいよ」と言ってもらえればどれだけ楽か。毎日、亡き妻、おかんに、「二人を守ってくれるよう」、祈る日々が続いた。

二〇二〇年三月、全国の学校が休校となることを知ったのは職場でだった。たしか昼ごろだったような気がする。突然の緊急事態宣言で、息子の小学四年の三学期はいきなりブツッと打ち切り状態となってしまった。そのため、学校のスケジュールもすべて変更。

記者会見で首相が言ったのを聞いて、いろいろなことが駆け巡る。休校はいいが、そうすると「放デイとか、日中一時の営業時間はどうなるのか?」。人の手配もあるし、突然の休み期間の一日営業への変更は無理だろう。

そうすると、仕事に行くのはむずかしくなる。有給休暇は、おかんの闘病期間に使っているのであまり残りがない。そうすると「介護休職を使うか?」、それとも「欠勤にするか?」などなど。

とりあえず、いつも使っている各事業所に電話して対応を尋ねるが、まだどこも「現在、調整中」とのことだった。その後、各所、長期休暇期間の対応にするとのことで、学校がなくても午前九時から預けることが可能となった。各事業所さんに感謝。

聞くところによると、役所からの通達は、「とりあえず営業してがんばれ」的な内容だった様子。それでは、事業所の利用者にしろスタッフさんにしろ、「感染した場合はどうなるのか?」などなど、不安はつきない。

当時の国の指針として、病院への受診は四日以上の発熱継続が目安だった。息子は時々ハウスダストアレルギーで鼻がぐずぐずになることがある。馴染みの耳鼻科があるのだが、

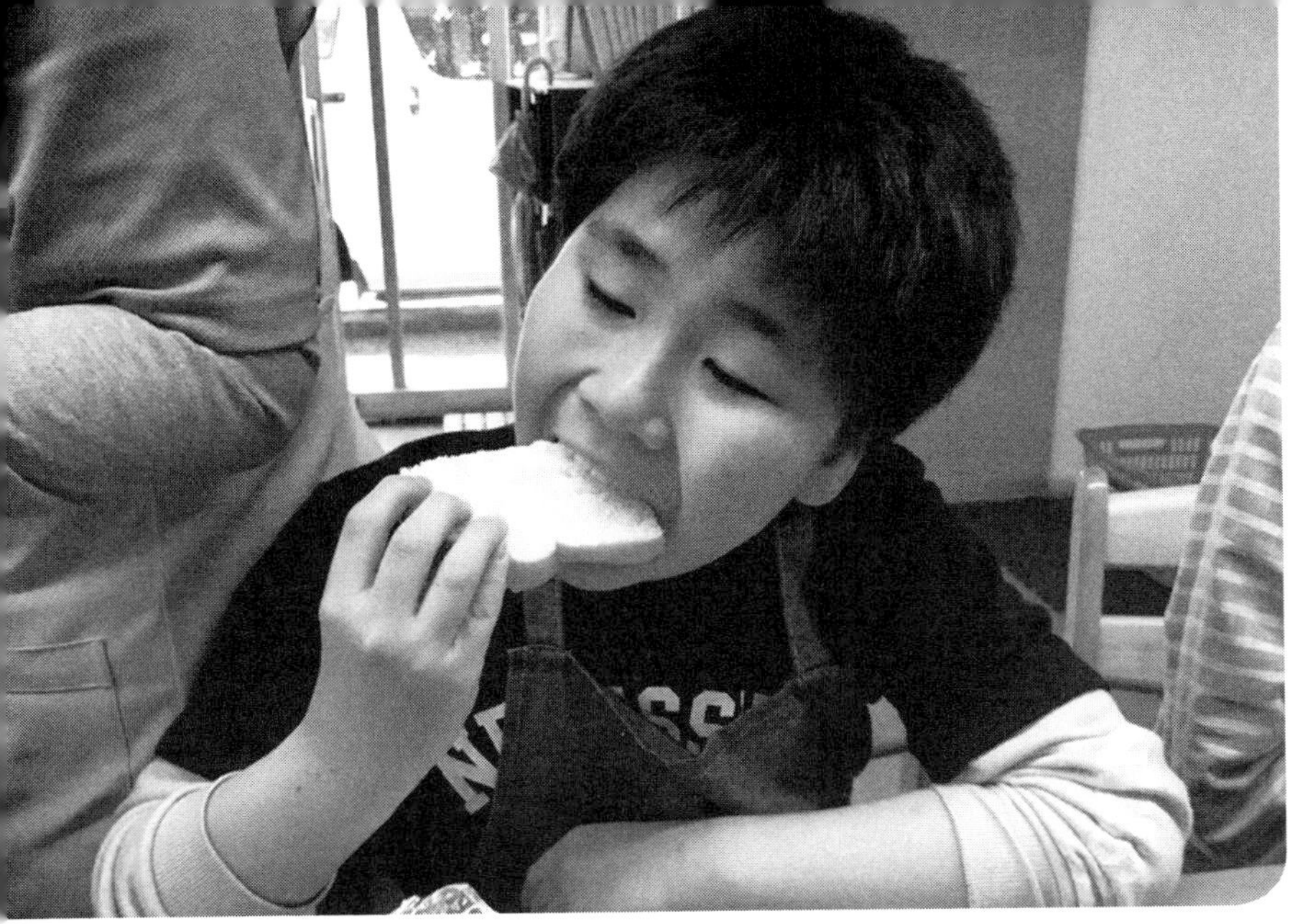

事業所でおやつを食べる息子

外出自粛中、少々のことでは病院には行けない。もし風邪のような症状でも、熱があると受診できない。万が一発熱したら、数日間は自宅で様子を見なければいけないということになる。それに備えて、レトルトや缶詰などの食料の備蓄をした。

幸いにもそのような事態にはならずに、緊急事態宣言が解除された。

●弁当づくり

学校の休校で、遠足も運動会も中止。おかげで弁当をつくらなくてよくなった。予備日も弁当をつくらなければいけないから、都合四回分の弁当づくりが免除された（ラッキー）。と思っていたら、ゴールデンウィークは放デイの弁当注文ができないため、結局は二回は弁当をつくらなければいけなかった。

たいしたものは詰めていないけど、やはり帰宅した息子の空の弁当箱を見るとうれしいものだ。弁当は、餃子、ヒジキ、コーン、高菜などに、ふりかけをかけた白米の上に海苔を乗せてのり弁風に。

おかんはよく、弁当で「〇〇を残しやがった～、もう入れない！」などと嘆いていたものだが、それに比べたら私の弁当は「完食率が高いんじゃねぇ～」と、勝手に思ったりしている。それとも息子が気を使い、完食してくれているのかもしれない。

●学校再開

休校期間はずるずると延長になり、結局、六月からの再開となった。夏休みも短縮となり、四月、五月に予定されていた運動会や遠足が中止となった。運動会は、毎年見に行っているのでちょっと残念だけど、いたしかたない。父母懇談会も延期など、すべての予定が変わってしまい、息子の大好きなプールも中止となる。

息子は、最初は夏休み期間のように朝から放デイなどに行けてよろこんでいたが、さすがに五月ごろになると、「なんで学校がない？」「学校に行きたい！」ということを身振り手振り、写真を指さすなどで訴えるようになった。その都度、「しばらく学校はないよ」と説明する。理解はしている様子。

毎日マスクをする生活にも慣れてきた。

六月からの本格登校前、五月の下旬に三回登校日があった。午前中のみの登校で、分散登校なので、息子のクラスは二人だけ。しかも、三回のうち二回は息子一人となり先生とマンツーマンだった。

先生は他校から転任されてきた新しい先生で、このコロナ禍でスケジュールも先が見えない状況で大変な中、息子を理解してもらうにはマンツーマンは、「よかったかも……」と思う。

私の仕事も三カ月間、ほぼ週四日の出勤となった。テレワークのできない職種なので通勤せざるをえないわけだが、正直ドキドキの毎日だった。ちょっとでも咳き込むと、「もしかして?」という考えに取りつかれる日々。

しかし、休みが多くなり、引っ越しや、おかんが他界するなどで片付いていなかった家の整理ができた。息子を連れて買い物にも行けないので、その点では助かった。

●おとんが病気かも

コロナ禍の自粛期間も終盤になったころ、私の体の右脇あたりに、時々違和感があり、ひきつるような痛みが発生することがあった。最初は、この数カ月で体重も増えたしズボンもきつくなったし筋肉痛かとも思った。

しかし、おかんが闘病中、肝臓と胆嚢が痛いからと横になる時は、いつも左を下にして横になっていたのを思い出した。「私も、もしかして内臓系、それもおかんと同じ肝臓、胆嚢の不具合かもしれない……」。そう思い始めると、気が気でなくなってきて、不安でしょうがなくなってきた。

そんな時、息子といると頭をかすめる、「こいつにはもう自分しかいないんだ！」「ここで病気になって入院、死亡などとなったら、どうなる？」という思い。

ドキドキしながら、おかんが癌になった時、最初に診察を受けた近所の消化器内科を受診することにした。

採血しエコーで診察した結果、特に緊急を要する事象は見られなかった。今は処理する必要のない、小さな胆石が数個あるのと脂肪肝の中程度と体脂肪が多いというものだった。コロナ禍の期間に体重も三、四キロ増えているし……栄養指導を受けることにした。ついでに、風疹の検査もして予防接種もすることにした。

免疫力をアップすることを考えてバナナ、ヨーグルト、などなど、おかんが闘病中によく食べていたものを食べるようにした。

また、おかんが福島の三春まで湯治に行けない時に、調べたらなんと近所にラジウム泉の猿投温泉があることを知り、「行ってみようかな」と言っていたのを思い出し、行ってみた。

すると、やはり湯治で通っているらしき人が多数見受けられたし、温泉水を持ち帰る人も多数いた。それを見て、「生きているうちに、おかんを何回でも連れて来てあげればよかった」と、後悔の念を抱いた。


右脇の違和感を感じた時に思考が悪い方向にばかり向いて、「もしこれで病気だったら?」「残りの余生が短かかったら?」と考え込んでしまった。

まだ十歳そこそこの息子をのこして他界することになった場合、「のこされた自閉症の息子をどうするか?」「誰にどう託すか?」。たとえ短期でも、入院になった場合、その間の「息子の生活をどうするか?」。頭がいっぱいになり、地に足がつかない状態になった。

自分の身の上になにかあった場合のことも、あらためて考える機会となった。

病気で死ぬまでに時間があれば、それなりに準備もできるが、突然の「死」となると、なにも準備ができていないことになる。

そこで、遺言をつくり、時々リバイスしなければならないだろうと考えるきっかけとなった。これから、なにかしらの形で、自分の意思を残す必要があるだろう。

●どこにだって行ける

アメリカの作家、エミリー・パール・キングスレイの「オランダへようこそ」というエッセイがある。著者は本の中で、イタリアに行くはずが飛行機がオランダに着陸してしまい、楽しみにしていたイタリアに行けなくなったことと、自分の子どものダウン症に関する思いとを隠喩している。私は、このエッセイに触れて目から鱗が落ちる思いがした。

私は、子どもができたら一緒に山に登り、山小屋やテント泊をしたり、キャンプしたいなと、夢を描いていた。しかし、息子が自閉症スペクトラムと診断され、ことばが話せない、独特な感覚がある。私は、「まわりの人から見たらどう思われるか？」などを考えて行動するようになった。

それがこのエッセイに触れてからは、そりゃ旅館に泊まるのはちょっと厳しいかもしれないが、コテージなら泊まれるだろう、外食も空いている時なら行けるだろう、温泉も時と場所を選べば秘湯のようなところでも行けるだろう、などと考えるようになり、いろいろとトライするようになった。

今は、オートキャンプ用の大きめのテントを買い、どこでキャンプするかを考えている。すでに車中泊は昨夏に経験済みで、この時息子がご機嫌で過ごしていたことから、キャンプも行けると思った。それに、非常時の避難生活の練習にもなる。

●おかんも一緒に

コロナ禍の自粛期間も明け、久しぶりに一泊二日で息子と安曇野に出かけることにした。元々は、息子の通っていた園の同窓会の予定が、コロナの影響でなくなったために、その代わりに出かけることにしたのだ。

安曇野のコテージで鍋。おかんも一緒に・2020年5月

三日前くらいからカバンにお出かけグッズを入れ始めて、息子はウキウキ。その時息子が、おかんの葬儀の時にプリントした写真の束を持ち出してきた。その中から、息子とおかんが並んで写っている、外泊した時の食事中の写真を数枚持ち出して来て、盛んになにかを訴えた。そして、その写真を週刊スケジュールボードのお出かけ予定日に貼ったのだ。

当日、いざ出かけるという段階になって、息子は再度写真を持ち出して来て、涙目で写真を指さしてなにかを訴えるのだ。「なに？、お母さんも一緒に行こうということ？」と聞くと、「そうだ」とばかりに手をあげる。

「う～ん……でも、母はこの世にはいないんだよ、息子よ」という感じで困り果てた時に、「ひょっとして遺影を持って行けば納得するのか？」と思い、遺影を持ち、「一緒に行けばいい？」と聞くと息子は手をあげて、「そうだ」と言うので、おかんの遺影も一緒に旅に出た。

宿泊先は、安曇野にあるコテージ。以前、おかんが健在だった時にも家族で宿泊したところだった。

まずは白馬村に行き、片道一時間弱を歩いて大雪渓までトレッキングをした。途中、長い林道歩きがつまらなくて、何度も、「帰ろう」と言うのを、なんとかだましだまし目的地まで到着できた。

私は、若いころに五回ほど白馬岳に登っているので、約二十年ぶりくらいの大雪渓だった。ほんとはそのまま頂上まで行きたいところだが……。

帰りは、勢いよくさっさと歩いて下山し、途中の池田町で買い物をしてコテージで夕食。

夕食時は、おかんの遺影も食卓に出して久しぶりに家族そろっての夕食をした。息子も満足そうだった。

それにしてもわからないのは、おかんが他界してから父子で五回くらいはお泊まりしているのに、今までに今回のように遺影を連れて行くようなことはなかったし、主張することもなかった。なぜ今回は、「おかんも一緒に連れて行こう」と言い出したのかということ。息子の気持ちを、なにかしらおもんばかることができればいいのだが……。

翌日は、朝一で燕岳登山口にある秘湯まで行き、他の入浴客がいない日帰り浴場で三十分くらいのんびり過ごす。

帰り道、かつておかんと行ったことのある開田高原で木曽馬と触れ合う。普段は小さな犬でも近づいて来ると逃げて、遠巻きに見るような感じなのに、なぜかここの木曽馬には慣れていて、撫でたり、草をあげたりする。やはり、ホースセラピーなどがあるように、自閉症児にとって馬というのはなにか特別なつながりがあるのだろうか？

久しぶりのお泊まり旅行は、このようにして終わったが、次に二人でお泊まりする時は、息子はどういう反応をするのだろう。

また、「お母さんも一緒に行こう」と言うのだろうか？

息子５歳、蓼科山登山・2015年９月

コラム・息子（３）

おとん

息子が赤ちゃんのころ、休日、車に乗せて私の実家に父子だけで行ったりしていた。それは、おかんが土日に仕事をしていたりするので、息抜きしてもらおうという気持ちと、男の子だったら一緒に、あれしようこれしようと思っていたこともある。土日のたびに、山に行ったり、川遊びに行ったりしていた。

息子がまだ5歳のころから、蓼科山に登ったり、北八ヶ岳をトレッキングしたりと、アウトドアに連れまわしていた。そのためか、今でも休みになると、「どこかに行こう」と言う子どもになった。

近ごろは息子の体力もついてきて、こちらがついていけなくなりつつある。

6章

おかんがのこしてくれたもの

●激動の一年だった

おかんが他界して半年たった四月下旬、おかんが最後にお世話になった緩和ケア病棟から手紙をいただいた。のこされた家族へのグリーフケアの手紙だった。私も、息子を連れて顔を見せに行きたいなとは思っていたのだが、コロナ禍の渦中に地域の中核病院に行くことはできずにいた。

そして早いもので、おかんが他界して一年が経過したころ、父子生活にも慣れてきた。おかんが発病してから旅立つまでの期間は、今にして思えば長かったような短かかったような、でも濃縮された期間でもあった。夫婦という家庭の両輪の片方がなくなり、車輪一つの上に微妙なバランスで父子生活が成り立っている状態だ。

会社でも命日が近いことを言うと、みなさんそろって「もう一年もたつんだ」と言われる。当事者でもそう思っているんだから、「そうかもね」と思いつつ、やはりコロナ禍の影響もあるんだろうなと思う。たしかにこの一年は、本当に早かった。

命日を前にして、おかんが他界する前後に大変お世話になった方々に手紙を書いて、感謝の気持ちをお伝えすることにした。お礼の文と一緒に、ここ最近の息子の画像も添付し、「元気にしてますよ感」を伝えたかった。

振り返るとこの一年は、社会も激動の一年間だった。コロナにより、それまでの生活は一変した。激動の波を、懸命に乗り越えながら生活してきたものだと思う。

おかんが他界した時、息子は身長一三六センチ、体重三五キロだった。それがこの一年で、身長一四一センチ、体重四一キロと大きくなった。

精神的にも、母の死を自分なりに受け入れて、がんばっているように見える。個人的な見解だが、私に負担をかけまいと自分を律する面が増えた気もする。が、時にそれがストレスになっているのかもしれない。おかんの死後、よく頭皮を掻いてかさぶたをつくることが増えた。それが、命日が近づくにつれて増えたように思う。

また、命日の月、十月に入るころから学校に行くのをいやがるようになった。二～三週にわたり、日曜日の夕食後は明日からの日常生活がいやらしく、特に学校がいやだと主張することが多くあった。それでも月曜日に不承不承登校すると、あとはけろっとしていた。いつも楽しみにしていたショートステイも、十月に入ったころからそれほどでもない感じだった。おかんが他界したその日に、ショートステイをさせられたことが影響しているのかもしれない……。

私は、おかんが闘病中、「今の状況は夢じゃないのか?」「目が覚めると、以前のいつもの朝なんじゃないか?」と妄想、夢想したり、そんな夢を見て目が覚めることがしょっちゅうあったが、さすがに一年経過してその回数は減った。しかし、今でも時折フッとした瞬間に夢想することはある。まだ、喪失感からは完全に脱却できていないのだろう。もしくはこのまま、死ぬまで続くのかもしれない。

●一周忌

草津温泉でおかんと３人で・2014年11月

そんなこんなで、一周忌の当日をどう息子と過ごすか考えて、結果、以前に家族で何回か行ったことのある、草津温泉にあるコテージにお泊まりに行くことにした。

このことを息子に伝えると、いそいそと自分用の鞄を出してきて、着替えなどのお出かけグッズを準備し始めた。学校でも、先生にそのことを尋ねられると声を出して笑いながら大きく手をあげて、とてもうれしそうだったとのことだ。

当日は雨で、外での活動はできず、ドライブしてから宿泊。泊まったコテージは、なんと数年前に家族三人で宿泊した時と同じ建物だった。息子は記憶力がよく、建物の構造をよく覚えている。

夕食は、おかんの遺影を出して、鍋物を食べた。息子は特になんの感慨もなさそうで、お泊まりが楽しい様子。今回は夕食も朝食も自炊だったが、息子は以前に行ったホテル本館のレストランで食べたかったらしく、チェックアウトの時にレストランのほうに行きたがりぐずった。本当に昔のことをよく覚えている。

旅行から帰ったあとの月曜日。またしても学校に行くのを渋った。それでもなんとか登校はできた。

そしてその夜、息子はおかんの遺品の山から、仕事で使っていた聴診器を引っ張り出した。生前、時々息子の心音を聞いてあげていたことを思い出したのか?、それ以降、息子は寝る時は聴診器を肌身離さなくなった。やはり、母の死を乗り越えたように見えて、さびしさを抱えているのだろう。

●父子二人の生活

現在の私たち父子の一週間は、おおよそこんな感じ。

平日は、朝五時ごろ父起床。自分の身支度、学校・福祉サービスの引き継ぎ帳記入、息子の準備、朝食、洗濯など。朝七時半に息子をバス停まで送り、スクールバスに乗せたあと父は仕事へ。息子は、学校のあと放デイか日中一時へ行き、十八時半ごろに家まで送ってもらい帰宅。父はそれまでに仕事から家に戻っておく。夕食の準備をして、入浴後に夕食。毎週金曜日は、京都の餃子チェーン店のテイクアウトが定番。二十一時ごろ就寝。

土曜日、息子は朝九時に放デイへ。父はそのあと仕事へ（毎週ではないが）。

日曜日、二人とも休み。昼食は外食になることが多い。前日がショートステイの場合は朝九時に息子が帰宅。そのあと、どこかに遊びに行くことが多い。午後は食材の買い出し。

月に四回ほど、息子はショートステイをしている。放デイか日中一時のあとに、同じ施設でショートステイをするので、その夜は父のフリータイム。土曜日に放デイのあとにそのままショートステイをする日もあるので、その日は一日フリータイムなのだが、仕事に行く日は帰宅後の短い時間がフリータイムになる。

こんな一週間だが、学校が休みになり福祉サービスも休みとなる年末年始、お盆期間などが仕事をするうえでネックとなる。それでもこれらの期間は短期なので、残業などの時短調整でなんとかフルタイムで働けているが、夏休みのように長期となると、どうしても朝九時にならないと息子を預けられないので、どう調整しても就労時間が不足してしまう。最初の一年目は、介護時短勤務という制度を使った。この制度は、雇用契約時間に満たない扱いになる。でも、契約時間に満たない分の給料の減額はある。なにが違うかと言えば、人事査定でマイナスがつくこと……。

おかんがいなくなり、私は家事全般をこなしながら仕事にも行く。なかなか忙しい毎日で自分の時間はない日々だ。夜、帰宅して夕食をつくり、風呂に入り、翌日の学校などの引き継ぎをしたり準備したり、時には翌日の弁当の準備をしたり……以前は少ない小遣い

夕食の時はいつもお酌をしてくれる

から捻出したお金で飲みに行ったりもしていたが、これもできなくなり、しょっちゅう考えていることは、私と息子のスケジュールと一週間の夕食の献立のことばかり。

うちの息子君は食いしん坊で、朝、夕と冷蔵庫と食品庫のチェックを怠らない。鍋物が好きなので五日連続で鍋物にしたら（スープはいろいろ）、さすがに五日目には怒って準備していた鍋を片付けられてしまった。

買い物に行くといつの間にか姿が見えなくなり、自分の食べたいものを持って来てカゴに入れる。同じ鶏肉でも好きなもも肉を選んできたり、同じ肉でも割引のシールが貼られたものを選択してきたりと、どこまでわかってやっているのかと思う。それにしてもたいしたものだ。

●おかんの口癖

おかんがよく言っていた息子への口癖に、「おまえかわいいんだけど、ややこしいんだよな〜」がある。息子はたしかにかわいいと思う。しかし、叱ると結構いつまでも泣いていることもある。それでも、自分の気持ちと折り合いをつけつつ、日々を送る姿には成長を感じる。

おかんが言っていた、「いつも笑顔で愛嬌があって、まわりの人が助けてくれるようになるといいな」と。

放デイのスタッフさんに、「笑顔に癒されます」と言ってもらったり、高等部の同じ名前の生徒さんのお母さんになついて抱きついてみたり（あまり大きくなってやられても

赤沢自然休養林でトレッキング・2017年7月

困るかもしれないが）。そのお母さん曰く、「雰囲気がお母さんと似ているからかも」とのこと。言われてみればそうかもと思ったり。

また、朝から放デイの日、仕出し弁当屋さんのおばさんに甘えてみたり、弁当屋さんの車に乗ってみたりするそうだ。このように愛嬌を振りまいて、まわりの人に和みを与えているのかもしれない。

ショートステイの最初のうちは、こっちが帰る時など涙目になり見送っていたが、今では、わがもの顔で自由自在に動いて、ショートステイも楽しみにしている様子。

それも、安心できる場所と認識しているからなのだろう。みなさんに、「こうちゃん」

と呼ばれてかわいがられている様子。

生前におかんが言っていたが、「息子はそれぞれの場所で、頼りにできる人を見つけるのがうまい」と。たしかにそうかもしれない。

おかん、結構あなたの息子は、あなたの言うように成長していると思いますよ。

●父子家庭を支えてくれる方々

おかんがいなくなり、息子もそれなりにおかんの旅立ちを受け入れ日々成長している。そんな中、新型コロナの蔓延により、世の中の片親世帯の不安は計り知れない。それは、子どもに障がいがあるなしにかかわらずだと思う。まわりに見守ってくれる人がいることは、どれだけ心の支えになることだろう。

現在、息子は学校に行くことをいやがることはなく、ありがたいことにどちらかというと楽しそうに通っている。同じスクールバスに同じバス停から同級生が何人も乗るからかもしれない。

同じバス停から乗る子どもの親ごさんたちとのつながりはありがたい。小学部から高等部まで一緒のバスに乗るのだが、同級生のお母さんたちから、同じバス停から乗る仲間という感じで私たち父子を気にかけてもらっている。

そして、私と息子は、おかんが生前に紡いでくれていたまわりとの関係にどれだけ助けられたことだろうか。

おかんが病に倒れるまで、私は息子に関する関係者（組織）については、又聞きかうろ覚え状態だった。学校に行くのは運動会や入学式などのみ。同級生や地域の同じ支援学校に通っている子どもも、親ごさんのこともあまり知らなかった。

一方、おかんはNPO活動で市役所にちょくちょく行き、市の職員さんとも結構面識があったり、PTA活動や地域の障がい者関連活動の仕事もし、その関連で放デイの勉強会の手伝いなどを行っていたので、息子に関係するネットワークが年々構築されていた。

私が学校の個人懇談にはじめておかんと行ったのは、おかんが発病する年（息子小学三年）の春だった。この時は、なぜかおかんに、「一緒に行く?」と聞かれて、「たまには行ってみるか」と思い立ち行ったような気がする。今にして思えば、虫の知らせだったのかもしれない。

それ以降、学校関係で出かける仕事は、私一人で行うこととなった。そんなこんなで、おかんがやっていたことを一年たち理解できてきたが、おかんが構築した息子関連のネットワークまでは継承しきれていないと思う。これから、私なりの息子のためのネットワークづくりが課題だと思っている。

●さいごに、おかんがのこしてくれたネットワークを紹介したい

・NPO法人「ぎふと」

昔から、障がい児・者の親がいろいろと動いてきた。先人の親ごさんたちのご苦労を思うと頭が下がる。それでも、まだまだ足りないので自ら動いてNPOを設立したり、放デ

イを始めたりする親ごさんは多いと思う。

そこで、息子とおかんがお世話になっている、「発達支援教室クローバー」の代表の細井先生を代表理事として設立したのが、ＮＰＯ法人「ぎふと」。各種セミナーなどの活動を通し、発達障がい児・者の安心できる社会を実現しようとする組織。

おかんは、このＮＰＯの副理事としてがんばっていた。いろいろな社会的なテーマを見つけてはセミナーなどを開催したり、将来を見据えて一念発起して、社会福祉士を通信教育で勉強し、国試を一発合格（本人の弁ではギリギリだったらしいが）で資格を得たりして、いつも未来を見据えていた。

・こども発達支援センター統合保育園「ひかりっこ」

息子が就学する前に通っていた統合保育施設。おかんが働くために公立の保育園に入ろうとした矢先、自閉症の診断が下り、どうしたものかと考えていた時に、細井先生から教えられたのが「ひかりっこ」だった。

「ひかりっこ」は、障がいのある子も健常児も受け入れる統合保育を実践しており、また食育にも力を入れていた。施設の始まりは五十数年前、保健師をされていた伊藤寿美ゑさんが、当時はまだ障がい児が家の中で隠れるようにして生活していた現状を変えたいという思いで始められた。それから五十年経過し、今ではグループホームや通所施設、相談支援「ひかりのかけ橋」など少しずつ福祉事業を増やしている。それもこれも伊藤さんの考えに賛同した地域の方々と障がい児の親ごさんたちの努力の結果。

卒園してからも毎年、OB会などでその後の息子の状況などをお知らせしたりしているし、五十周年記念紙には、おかんも頼まれて寄稿している。

おかんがいよいよ余命が見えてきた時、おかんを「戦友と思っている」と言われた木村さんには大変お世話になった。特におかんが他界する前後には、公私ともにお世話になり感謝のことばをいくら言っても足らない。

・NPO法人「えんご会」

おかんが他界するちょうど一年前、私が仕事で不在の日曜日に、毎週とは言わないが月に一回くらいで預けられるところはないかと思い、日中一時を行っている「えんご会」を見つけてきた。

「えんご会」は、平成十一年に小さな事務所からスタートし、既存の介護保険制度や福祉制度では対応しきれない、いわゆる隙間の分野で家事援助サービスを主として活動している住民参加型の非営利組織。

おかんは当時、土曜日はパートで病院勤務しており、平日もパートに行ったりＮＰＯ活動やその他の息子関連の仕事をしたり、社会福祉士の資格を取ったりと忙しくしていたので、日曜日に自分の時間もつくりたいと思ったようだ。しかし、このころからすでに癌細胞が発生していたのかもしれない。

おかんが癌になり、息子がお世話になる機会が増えたが、なによりも理事の神谷さんには、闘病中に公私ともにお世話になった。医師との面談の際には、病院まで息子を送迎してもらったり、その他にも福祉サービスの枠を超えて精神的にも大変お世話になった。

おかんは、自分の身が病になった時、私の身を案じて家事代行を頼めないかなどを考えていたよう（今のところなんとかやってますが）。

・株式会社悠「なんてん」

「なんてん」も、おかんが生前に一度訪問していた事業所で、おかんが病気になってからお世話になるようになった。以前、放デイを探していた時に見に行ったりはしていたのだが、当時、日曜日に営業していると間違えて契約を進めようとしたりしていた。そんなこともあり、なにか縁を感じずにはいられなかった。

おかんが病気になり、現状の放デイのみでは私の仕事もまわらないので、お世話になっている「ひかりっこ」の相談支援事業「ひかりのかけ橋」から声をかけていただき、日中一時での受け入れをしてもらい、どうにかこうにかおかん不在中の父子での生活が成り立つように助けていただいた。

「なんてん」も徐々にサービスを増やしており、いろいろとお世話になっている。最初は施設に着くと泣いていた息子も、一週間も経過するとわがもの顔だったようで、お気に入りのスタッフさんに甘えていた。

おかんが闘病中のある日、スタッフさんから聞いたのは、「全力で（わが家を）支えるように」と社長がスタッフさんに言ったそうだ。この話を聞いた時、胸が熱くなり感謝の気持ちでいっぱいになった。

福祉サービスも事業であり、成立させるためにはご苦労も多々あるはず。いろいろと行政との関係や地域社会との関係、金銭面での苦労などあるだろう、が最終的にはやはり働く人の考えに頼るところが大きいと思う。

私も定年後は、体が動く限りなにかしら福祉サービスの手助けができないものかと考えている。それが、お世話になった方々への恩返しになるとも思うから。

付録
発達障がいの子どものために「旅立つ準備」をしておこう

細井 晴代（発達支援教室クローバー代表）

●旅立つ準備

息子くんは、【おかんの死】を割合すんなりと受け入れているように見えます。それはどうしてか、思い起こしてみるとおかんは常に、「自分はもう五十歳近いから、いつ死んでもおかしくない」と言っていました。おかんは生前から、常に【自分が死んだら】について考え続けていたように思います。

私自身も四十歳を過ぎ、知的障がいの次男も中学一年生になり、今後の進路に「就職」のことばが入ってくるようになりました。そうなると、より「親亡きあと」を具体的に考えるようになりました。

そこで、自分が「旅立つ準備」について考えてみましょう。

❶「お父さんとお母さんはあなたよりも先にいなくなる」と伝える

❷「死」をイメージできるように絵本を読む

❸親が死んだあとに困らないように生活力をつける

❹親の死後、働く場所、住む場所の確保を考えておく

❺きょうだいに迷惑をかけないように資金を貯める・制度を確認

❻親の死後、きょうだいにしてほしいことを伝えていく

❼きょうだいたちが自立できるように導く

❽きょうだいが巣立ったあとの生活を想定してプランを練る

この八項目で考えていきます。

準備

❶「お父さんとお母さんはあなたよりも先にいなくなる」と伝える

人は、様々なことを急には受け入れられなくても、徐々にならら受け入れられるものです。そこで、家で時々、「お父さんとお母さんは、あなたより先にいなくなるよ」と伝えていくとよいと考えています。

また、息子くんが「まんまんちゃんあん」(仏様に手を合わせる時の関西弁の幼児語)と言っているのは、『死の受容の一つの方法』、死を受容するための儀式と言えるでしょう。儀式は、「グリーフケア」の一つです。おかんの生前から、祖父の遺影で手を合わせて拝んでいた経験からきているのではないかと感じます。お墓参りや遺影に手を合わせたり、空を見ながら『死後』についての考え方を少しずつ伝えていくことが大切だと思います。

人の死と向き合う時に、たくさん悲しむことが必要だと言われています。発達障がいの子どもたちには、具体的な、「亡くなること」がわからないかもしれませんが、なんとなく「いなくなること」には気づくようです。それは、いくつかの研究で示されています。だから、心の中にモヤモヤを抱えているだけで悲しめないところがあるのかもしれません。
そんな時には、「人はなんとなく人に合わせる性質をもつこと」と、「人の感情は伝わること」を利用して、親が一緒に思い切り悲しむことをお勧めします。すると、子どもも悲しむことができます。親は、「自分がしっかりしなくては」と思って悲しまずにいるのではなく、一緒に悲しんでください。死を受容することは、明日への活力になるのです。

準備

❷「死」をイメージできるように絵本を読む

発達障がいの子どもたちは、「視覚（目からの情報）」には強く、「聴覚（耳からの情報）」には弱い子が多いです。そのため、ことばで言ってもなかなかイメージにつながらず、理解しにくいのですが、「視覚」＝「絵で示す」ことで理解しやすくなります。

そこで、絵本を利用します。中でもお勧めなのは、『ママがおばけになっちゃった』（講談社）です。ママが死に際からおばけになり、子どもを見守っている姿が視覚化されていて、とてもわかりやすくて教えやすいです。

「こんな感じで死んで、いなくなっていくんだな」「いなくなったあとも家族はこうして生きていくんだな」とおぼろげながらも感じてもらえる絵本です。そこから人の生や死をなんとなく学べるでしょう。

「死」について考えると、人は生き方を見つめ直せるようです。親子で生き方を見つめ直し、より素敵な生き方を見つけられるとよいですね。

準備

❸ 親が死んだあとに困らないように生活力をつける

生活力とは、身辺自立、家事、人柄など、ともに生活する中で気持ちよく過ごせるためのスキルを指します。

身辺自立、家事（洗濯物をたたむ、調理、掃除、余暇の過ごし方など）は、グループホームやシェアハウスで生活した時、できることが多いほど過ごしやすくなります。普段の家庭生活の中で、少しずつ経験させましょう。無理せずに、徐々に手を放していく感じで、できることを増やしていきましょう。

意外ですが、余暇の過ごし方は大事です。とりわけ、災害時に重要です。発達障がいの子どもたちは、「なにをしたらよいかわからない状況」が苦手です。だから、少しずつ余暇にできることの選択肢を与え、なにをしたらよいのか、なにができるのかを増やしておくことが大切です。災害時などの非日常では、特になにをしてよいかわからずにパニックになってしまうことが考えられます。実際に、過去の震災では多くあったようです。

誰かと一緒に住む時、楽しいほうがよいですよね。そのために、お互いが気持ちよく過ごせるような人柄の形成も大切です。気持ちを上手に伝える、上手に人を頼れる、自分は大丈夫と思えて明るく楽しくいられる、このような基本的なことで、よい人間関係は構築されます。

そのためには、日ごろから気持ちを伝え合うことがお勧めです。子どもの些細な気持ちもくみ取り、ことばにしていきます。こちらの気持ちも同様にことばにしましょう。そして、子どもの気持ちに合った対処法を教えてあげましょう。たとえば、「お願い」などの頼み方や、「少し待って」などの断り方です。

準備

❹ 親の死後、働く場所、住む場所の確保を考えておく

おかんもそうでしたが、死は突然に訪れます。前もって、働く場所や住む場所などを考えておくとよいと思います。

住む場所に関して、おかんは生前から準備していたから、ショートステイとも、グループホームとも、すでに息子くんとつながっていました。素晴らしいことです。ついつい、「必要になってから……」と思いがちで、気づいた時には遅かったりします。

働く場所に関しては、多くの障がい者たちは、特例子会社やアルバイト、作業所で働いています。「できれば、定職について安心して生活していてほしい」というのが、親の願いですね。

私たちのNPOでは、資格を取り、働く場をつくれないかと模索しています。また、現代、リモートを利用し、集団が苦手でも、才能がある人は、よい職につける可能性が出てきていると思います。制度やサービスを利用しつくすのもよいし、自分でサービスをつくるのもよいでしょう。

とにかく、どの道をとっても、子どもが幸せに暮らせるように整えてあげなくてはなりません。親は頭を使いますね！

私は、修行だと思って楽しくやっていくつもりです。「なにが必要か」を考えることで、おのずと情報が入ってきて、環境は整えられると思います。

きょうだい

❺ きょうだいに迷惑をかけないように資金を貯める・制度を確認

きょうだい*には、きょうだいの人生があります。きょうだいにすべての負担を背負わせるわけにはいきません。家族なので、多少の迷惑をかけることはあるでしょうし、助け合うこともあると思います。でも、どちらかの足かせにならないようにしたいです。だからこそ、親としてはできるだけ、成人してからの資金を確保しておきたいものです。

しかし、きょうだいたちにも、本人たちの夢が叶えられるように、費用をかけてあげなくてはならないと思います。きょうだいたちが自立し、幸せに生活できていることが、障がい児のためにもなるのです。

お金の管理は、きょうだいたちだけでは大変なこともあります。また、きょうだいがいない人もいます。そのためにも、制度について知っておく必要があります。成年後見人制度、生活保護など、福祉制度はたくさんあります。どれをどのように利用するかを考えるためにも、いろいろ調べておくことが必要でしょう。

将来の住居も、シェアハウスかグループホームか、施設か、自宅か、悩ましいところだと思います。自宅の場合には、誰が一緒に住むかという問題もあります。いずれにしろ、家族全員にとって、安心な方法を見つけていくことです。また、相続の件は特に、いろいろな専門家の力を借りることも大切です。

＼きょうだい／

❻ 親の死後、きょうだいにしてほしいことを伝えていく

＊きょうだい・障がい児（者）の兄弟姉妹のこと

いろいろなご家庭があると思いますので、ここでは、わが家の話を。

わが家では、「お父さんとお母さんは、なるべくあなたたちに負担をかけないように考

えるから、あなたたちは、あなたたちの人生を大切にしてね」としたうえで、「もしかすると、制度がなくなったりして迷惑をかけることがあるかもしれないけど、その時は、いろいろな人の力を借りて手助けしてあげてほしい」と子どもたちに伝えています。

きょうだいとして、家族としてできる範囲でです。きょうだいには、「自分を守りながら、余力で助けてあげる感覚」でいてほしいです。

とはいえ、きょうだいたちは、「自分が面倒を見るんだろうな」と思っているようです。長女は以前、「私がお兄ちゃんと住むか、近くに住んで面倒みるよ」なんて言っていました。とてもありがたい思いではありますが、私たちは、きょうだいが「お兄ちゃんのために」生きてはならないと思っています。

成年後見人制度か、きょうだいにお金の管理をお願いして、普段は福祉サービスと才能を活かした仕事でなんとか生活できるようにしたいです。才能を活かす、納税できるような仕事を見つけたいです。そのために、いろいろな体験をさせています。

結局、死に際にいろいろとお願いすることになると思うのですが、それまでに、きょうだいに伝えながら、様々なことを調べておいてからお願いしたいと思います。

きょうだい

❼ きょうだいたちが自立できるように導く

きょうだいたちが幸せでなければ、障がいのあるきょうだいを支援できるはずがありません。だからこそ、きょうだいたちが楽しく余裕をもって生活ができるよう、親はがんばらなくてはなりません。なるべくきょうだいに力をつけさせるのです。

そのためには、きょうだいに様々な体験をさせることをお勧めします。本物に触れ、体験させることでＤＮＡの才能のスイッチが入ります。すると、それをもとに才能を活かして自立していけるかもしれません。

この考えで、わが家ではできるだけきょうだいに、「したい」と言ったことを体験させるようにしています。

そして、「もうやめる」と言ったら、さっさとやめさせています。自分で判断して、自分で決めていきます。そのことが、子どもの自己肯定感を育て、自立へと導くのです。

家庭教育でも同じです。料理も洗濯も、子どもがやりたがったり、私が手伝ってほしかったら、誰にでもやってもらいます。それが体験になります。宿題も学習も同じです。誰かだけに力を入れることはありません。

親として大切だと思っているのは、その子その子の必要としているものを、見極めることです。それぞれが次のステップに行くのを感じ、それぞれに必要なことをするのです。

そのためには、それぞれが「二十五歳の時の姿をイメージする」ことをお勧めします。すると、今なにをしたらよいのかが、少しだけ見えてくると思います。

きょうだい

❽ きょうだいが巣立ったあとの生活を想定してプランを練る

いずれはきょうだいが自立し、家を出ていきます。そこで、資金の予定など、どのように暮らすのかをシミュレーションしておきます。予定は予定なので、想像して安心できる未来をつくってみてください。この時、「こうしたら生きていけるかな」が、大切だと思います。

シミュレーションすると、「不足」が見えてきます。その不足は、なにをしたら埋められるだろうかと考えてみましょう。そして、行動するとよいことが見えてきます。

仲間集めもよいでしょう。同じ課題をもった人たちとつながるのもよいでしょう。一緒になにかできるかもしれませんし、よい情報をもっているかもしれません。

さいごに・おかんへ

細井　晴代

ごめんね、おかん。

最後のベッドサイド、あなたは私を呼び、一生懸命になにかを伝えようとしてくれていたね。のこる私に、期待して願いを託そうとしていたのですよね。なのに私は……。

私は、気持ちを充分に受け取れなかったです。まだ、覚悟がありませんでした。

思い起こせば、おかんは死を意識していたからこそ、ますます熱くなっていたのでしょうね。その温度差を埋められなくてごめんなさい。歯がゆかったでしょう。遅いけれど、今からは息子くんをはじめ、障がい児たちが幸せに暮らせる道を全力で具体的にしていきます。

これからを見ていてくださいね。

おかんとの出会いは、私が開催する教室に相談に来てくれたことからでした。その時のおかんは、必死に息子さんのことを考え一生懸命に「どうしたらいいのか」を模索していることが全身から伝わってきていました。不安の中、それでも、「どうしたらいいのですか？」と、前向きに考える人だったのだと思います。

そのうちにおかんから、「こんなことをしてしまうけど、なぜですか?」という質問が入ってくるようになりました。子どもの行動の意味や感じ方を学ぶたびに、息子くんの頭をなでて、「そんな風に思ってたの?」「かわいいんだけど、ややこしいなあ」という姿に、「理解しようとされているな」「かわいがっているな」そんな印象でした。

今思えば、おかんは人に教えてもらうことが上手な人でした。そして、ひとつのことに一生懸命な人でした。子どもをなによりも愛し、子どものためにできることを必死で探し、納得したことを実践し、結果を報告し、また改良していくのがおかんでした。

おかんは、とにかく日常にも社会にも課題を見出すことが得意でした。専門家の私よりも、深く広く社会の問題に向き合おうとしていました。

私は、考えがまとまらないと話さないし、動けないタイプですが、おかんは思ったら即行動の人でした。私とおかんは、正反対のタイプです。今思えば、すごくいい組み合わせでした。おかんにはとても助けられ、おかんのおかげで進んだプロジェクトは数え切れません。理想を叶えるために一緒に働くことになるのは必然でした。

心から、おかんに感謝しています。本当に、ありがとう。

さいごに（おとん）

二〇二一年十月で、妻（おかん）が旅立ち丸二年になります。この間、息子は心身ともにたくましく成長しました。

連れ合いに先立たれてのこされた片親は、少なからず日々成長するわが子を「見せてあげたい」「見てもらいたい」と思うものなのではないでしょうか。

そして、「こんなに立派になって」とか、「あんなこともできるようになったんだ〜」とかいろいろな感想とか意見とかを言ってもらいたい（ことばを浴びせてほしい！）と、時々思うことがあるのではないでしょうか。もっとも、これは叶わない夢なので、自分で自分をほめて「よくやっているよ、よくがんばっているよ、えらいよ」と思うしかないのですが。なので、たまにこんな感じのことを言ってもらうと、心からうれしくなります。

息子がなにか注意を受けるようなことをした時は、おかんがよく言っていた、「こうちゃん」（頭の「こ」に力が入る）という声が心の中で響くことがあります。これはたぶん、私が死ぬまで続くんでしょうね（笑）。

また、たまに道路で息子が不注意な行動をした時など、「車にぶつかったら、お父さんとは

もう会えなくなるんだよ！」と注意したりしますが、ふとあとで、「でも、おかんには会えるかもなぁ」などと心の中で呟いてみたりすることもあります。こんな感じだと、なんか息子のほうがおかんの死後の喪失感からは先に脱却しているのかもしれません。

息子は、おかんの遺影にタッチすることも旅行に遺影を持って行くことも徐々に減り、今ではまったくなくなりました。この時点で、息子は精神的にもおかんの「死」を受け入れたのだと思います。

この変化は、息子の誕生日におかんからの誕生日ビデオレターを見る時の様子からもうかがえます。一回目の時は、なんとなく落ち着かない感じでした。このころはまだ、遺影にタッチしていたころ。そして二回目の時は、落ち着いた感じで画面の中のおかんの姿を、ことばを聞いている風でした。このころには、おかんの不在などまったく気にしない感じになっています。

これらの変化を、「おかんに見てもらいたい！」と思ってしまう私です。

おかんが他界した少し後の二〇一九年十二月に始まった新型コロナウイルスの感染は、あっという間に世界中に広がりました。これから先、人々の生活様式も大きく変化していくでしょう。当然、障がい者の生活環境も変化するでしょうし、すでに変化してきています。心が痛むのは、医療従事者などに対する誹謗中傷、蔑視などがあることです。妻が看護師だったので、医療関係者のことが他人事に思えません。

いずれ、コロナ禍を乗り越えた新しい生活様式に基づく社会になった時に、みんながお互いをリスペクトして思いやれる、成熟した社会になっていることを切に願います。その社会の一助に、この本がなることをおかんも望んでいると思います。

妻の癌が発覚して他界するまでの間、そして他界してからも多くの方々に支えてもらい、どうにかこうにかこれまでやってこれました。かかわってくれて援助していただいたすべての方に、心から感謝申しあげます。

特に、発症から他界するまで、また葬儀の際に援助してくださった「ぎふと」のメンバーのみなさん。これからも妻の意思を継いで前向きにがんばりましょう。私も微力ながら手伝います。

また、専門家として書いていただいた細井先生にも感謝いたします。

この本のイラストを描いてくださった竹内直美（画伯）さん。入院中にも、数多くのイラストで元気をいただきました。本当にありがとうございます。

息子が通園していた「ひかりっこ」および関係者の方々。大南様、野々山園長、職員の方々。そして、妻の戦友の木村桂子さん。本当に公私ともにお世話になりました。

息子を日中一時でお願いしていた「えんご会」のみなさん。特に神谷美保子様。妻のムンテラ（病状や今後の治療方針などの説明）の時などに息子の世話や葬儀の前後など、これまた公私ともにお世話になりました。

妻が闘病生活に入り、私と息子の生活が成り立つように助けていただいた「株式会社悠」の社長、梅ちゃん、その他のスタッフのみなさん。心からお礼申しあげます。

最後に、息子の学校関係者のみなさん。息子のことでいろいろなご配慮と援助いただいたこと、感謝申しあげます。

他にも、私たち家族を支えていただいたすべての方々に、妻こと「おかん」に代わり、心より感謝申しあげます。

二〇二一年十月　中野　真一郎

さいごに（おかん）

この本を書くにあたり、どうして私たち障がい児（者）の保護者は、親亡きあとの子どものことを不安に思い、なんとか元気なうちに、考え、準備していこうと思うのかを考えました。

私は、定型のお子さんとのちがいは、親亡きあとも、子どもが支援や見守りが必要な状態なことが大きいと思います。

そして、家族内のこととして捉えがちな部分もあって、障がい児（者）の保護者も、「自分たちでがんばろう」とする感覚が、どこかあるなあと思いました。

私は、「自分が障がい児を産んだのだから、周囲に迷惑がかからないように、自分が責任をもって、いろいろ考え、準備していく」となんとなく考える部分もあるかなと思います。そして、保護者たちの中には、自ら就労施設をつくったり、グループホームをつくったりする人たちもいます。

こうやって、私たち保護者を俯瞰《ふかん》してみると、かなりがんばっています。

私たち保護者は、どんどん年齢を重ねていきます。がんばりたくても、無理がきかない年齢はあっという間にきます。そして、私のように突然、病が降ってくることもあります。

私は、病気と診断される前は、平日三日くらい仕事、他の平日は、ＮＰＯ活動や学校の保護者のことなどをこなし、毎週日曜日には、一日中息子と過ごしていました。

しかし、多動な息子と丸一日過ごすのは、疲れとストレスをかなり感じるようになりました。そこで、移動支援を利用したり、日中一時支援を取り入れたりしました。ストレスを感じるもっと前に、支援を導入してもよかったなと感じています。

息子も、様々なスタッフさんとかかわることを楽しんでいるようだし、子どもにとっても、本人のちがう能力を見出せる機会になったりもしています。

私は、自分が癌になってみて、親が心身ともに健康で、家族の誰かが無理することなく、それぞれに楽しみももちながら、子どもを育てていくことが一番かなと感じています。

子どもを育てていく中で、いろいろな意見や考えを聞くと思います。でも、日常に追われたら、疲れたら、どうか休んでください。もし、笑顔が少なくなったら、それは自分が悲鳴をあげているサインかもしれません。福祉サービスや他者に応援を頼んで、自分のために時間を使ってください。

私は、気軽に支援を依頼できる環境が健全な社会だと思っています。

現在の環境を整備しないと、親亡きあとの不安は軽減されないのかなと思っています。そのためには、支援員さんの働く環境（報酬や地位、人材不足など）の整備が必要です。そして、環境について保護者が、「なんとかしないといけない」という意識をもたなければならないと思います。

しかしながら、今現在、支援してくださっているみなさんには、本当に感謝の気持ちでいっぱいです。

この本を出版するにあたり、発達支援教育者の細井晴代先生のご協力をいただき、専門家としてのご意見をいただき感謝申しあげます。先生とともに、本を出版できるよろこびや楽しさを感じる私は、本当に幸せものだと思っています。

また、この本の企画にご賛同いただき出版にご尽力いただきましたぶどう社の市毛さんに感謝申しあげます。

そして、このお二人とのご縁をつくってくれたのも、息子の存在があってのことです。読者のみなさんとのご縁をつくってくれたのも、息子の存在があってのことです。息子に感謝です。

そして、日々この本を出版するにあたり息子の世話や家事など、援護してくれた夫にも感謝します。

そして、私の体験がみなさんにとって、なにかのヒントになったり、自分ががんばっていることをねぎらう気持ちになったり、がんばり過ぎている日常を見直す機会になれば、幸いです。

二〇一九年六月　中野 智子

著 者

中野（おかん）智子　（なかの ともこ）

1964年、島根県江津で生まれる。血液型はB型。

高校卒業後、上京し看護師免許を取得。以後、大阪、江津、東京と各地で看護師およびケアマネージャーとして経験を積む。おとんとの結婚を機に愛知県へ。2010年に出産し、息子が自閉症と診断されると将来を見据えて通信教育で社会福祉士を取得。2015年には、細井先生らとNPO法人「ぎふと」を設立。障がい児（者）とその家族を支援する活動を始める。関西人がよく言う「しらんけど」でまわりの人に親しまれていた。2019年10月17日、癌のため他界。

中野（おとん）真一郎　（なかの しんいちろう）

1964年、東京都小平生まれ、横浜育ち。血液型はA型。

仕事であちこち点々とするが、2000年から愛知県在住。若い時より山登りと温泉が好きで、息子が小さい時からあちこちの山歩きに連れて歩く。現在、おかんの後を継いでNPO法人「ぎふと」の副理事を務める。
●NPO法人「ぎふと」https://www.aichi-npo-gift.net

細井 晴代（ほそい はるよ）

発達支援教室クローバー代表
1977年生まれ。2001年、保健師として勤務。2008年、養護教諭免許取得。2011年、発達支援教室クローバー設立。2014年、愛知教育大学大学院修了。2015年、愛知教育大学非常勤講師として勤務。
●「発達支援教室クローバー」http://www.hattatsu-clover.com/

イラスト ……………… 竹内 直美（画伯）

私がいなくなったら
のこされた自閉息子と父は……

著　者　　中野 智子・中野 真一郎

初版印刷　2021年10月17日

発行所　　ぶどう社
編 集／市毛 さやか
〒154-0011 東京都世田谷区上馬2-26-6-203
TEL 03（5779）3844 FAX 03（3414）3911
ホームページ http://www.budousha.co.jp

印刷・製本／モリモト印刷 用紙／中庄